낭만하는 공동체 넘어서기

그린풋 🐾 01
생태민주주의시리즈

BEYOND
THE ROMANTIC
COMMUNITY

낭만하는
공동체 넘어서기

공동체성이란 무엇인가

이태영, 신승철 지음

알렙

들어가는 글

이 글은 공동체적인 대안에서 기후위기와 팬데믹 시대의 위기를 극복할 가능성을 모색하기 위해 쓰였다. 2022년 현재 인류가 마주한 전대미문의 위기는 그동안의 익숙한 경로를 완전히 뒤집는 대전환을 요구하고 있다. 이러한 전환을 위해서는 지금의 위기를 만들어 낸 탄소기반경제를 구성하고 있는 모든 조건에 대한 성찰이 필요하다.

탄소기반경제를 지탱하는 산업자본주의는 거대화와 중앙화를 특징으로 한다. 공동체적인 대안이 기후위기와 팬데믹이라는 치명적인 위협에 대처하는 방안으로 주목받는 것은 바로 거대화, 중앙화와 같은 조건을 해체하는 실천이 될 수 있을 것이라는 기대 때문이다. 그런 점에서 공동체는 미래 사회를 준비하는 새로운 시민의 덕성으로서도, 탄소기반경제를 구성하는 사회계약과 결별할 새로운 규범으로서도, 공동자원을 관리한 효율적인 시스템으로서도 적극적으로 검토될 필요가 있다.

하지만 동시에 이번 작업은 '낭만하는 공동체'를 넘어서기 위한 작업이기도 하다. 이를 위해 두 가지 공동체적 경험을 소개하고 해석하며 질문하는 방식으로 글을 전개할 것이다. '공동체'라는 개념은 안전하고 풍요로운 미래를 상징하는 경로이자 결과를 서술하기 위해서도 쓰이지만, 많은 경우 가부장적이고 전근대적이며 개인의 부자유에 근거한 공간으로 받아들여지기도 한다. 그리고 이러한 판단은 구체적인 경험을 근거로 하고 있다. 그러니까 미래와 과거를 동시에 가리키는 개념이 된다는 뜻이다. 이 이상한 개념을 낭만하지도 않고, 전적으로 부정하거나 배제하지도 않는 상태에서 질문의 대상으로 삼는 것이 이 글의 목표이다. 그간의 경험을 토대로 과거와 미래를 동시에 가리키는 '공동체'라는 단어에 대해 함께 생각하는 계기가 되면 좋겠다.

이 책은 총 2부로 구성되어 있다. 1부는 '공동체의 이상과 현실'을 다룬다. 1부는 이태영이 적었고, 여기서 다루는 두 가지 범주의 공동체적 경험은 바로 이태영의 경험에 근거한 것이다. 이태영은 10세부터 18세까지 '야마기시즘 실현지(산안마을)'에서 생활했다. 그리고 20세 이후 서울 신촌을 기반으로 마을카페, 대안대학, 지역민회 활동을 했는데, 각각의 경험이 2장과 3장에 담긴 내용을 구성한다. 그중 2장은 '야마기시즘 실현지'라는 공동체의 지향과 형태, 그리고 쟁점에 대해 나열하는 방식으로 기술했다. 사회운동으로서, 사회 기획으로서, 농업 공간으로서 야마기시즘 실현지에 대해 적었다. 그래서 다소 이것이 왜 '공동체'에 관한 글인지 헷갈릴 수도 있다. 하지만 바로 그러한 종합성, 복잡성을 강조하고 싶었다. 3장은 도시 공간에서 공동체를 대안으로 호출하기 위해 좀 더 고려해야 할 지점들에 대해 적었다. 특히 2010년대부터 빠른 속도로 전개된 제도화의 흐름 속에 공동체적인 대안이 잡아야 할 중심에 대해 이야기하고 싶었다.[1]

2부는 신승철이 적었다. 공동체성의 작동 원리와 전개에 관한 고찰을 이론적인 배경에서 다루었다. 커먼즈, 흐름, 배치, 일관성의 구도와 같은 개념들은 1부에서 던져진 질문으로부터 다음 단계의 고민을 이어가고 싶은 이들에게 일종의 단서

---

1 3장은 2015년 온라인 언론 미디어스(http://www.mediaus.co.kr/)에 기고한 글과 2019년 에너지기후정책연구소(http://ecpi.or.kr/) 칼럼으로 기고한 글들 중 일부를 재편집하고, 필요한 내용을 추가하는 방식으로 적었다.

처럼 역할할 수 있을 것이라 기대한다. 여기서 공동체에 대한 철학적 사유는 관계망의 깊이와 잠재성을 주체성 생산의 계기로 삼는 데 목적이 있다. 기후위기와 생명위기 시대를 살아가는 시민들에게 공동체의 철학이라는 이야기 구조가 새로운 실천과 기후행동의 시작이 되기를 기대해 본다. 이 책은 생태적지혜연구소협동조합의 생태민주주의 시리즈 기획의 일부이다. 위기의 심화가 생태권위주의와 에코 파시즘의 유혹으로부터 벗어나 민주주의의 가속화와 전면화로 나타나기를 기대해 본다. 공동체의 철학과 모색의 길에 여러분을 초대한다.

2022년 생태의 겨울
이태영, 신승철

차례

1부

우리 시대 공동체에
던지는 질문들

1장

기후위기, 펜데믹 시대의 공동체

우주전쟁'만' 없었던 2020년

2020년이 지나버렸다. 1989년 방영된 애니메이션 「2020 우주의 원더키디」가 그린 시점은 이제 과거가 되어버린 것이다. 「2020 우주의 원더키디」의 주인공 아이캔은 아버지를 구하기 위해 우주로 나가서 마라 대마왕, 데몬 마왕 등 적들과 싸운다. 그런데 현실의 2020년에 우리가 싸워야 했던 대상은 우주의 악당들이 아니었다. 바이러스와 기후위기가 전 지구적인 차원에서 인간의 일상을 위협했고, 생존의 기반을 흔들었다. 사실

원더키디의 세계관에서 지구의 인간들이 굳이 지구 밖을 나가 우주의 악당들과 싸우는 이유는 현실의 2020년이 처한 조건과 비슷한 것들이다. 늘어난 인구, 환경 오염과 자원 고갈이라는 치명적인 위기가 인간으로 하여금 우주 개발에 착수하도록 했고, 그렇게 지구를 떠나 새로운 행성을 찾던 이들이 우주에서 고도로 발달한 기계문명과 만나 싸운다는 이야기. 이 이야기의 구조는 여러 가지 징후들을 통해 지구의 미래를 우울하고 부정적으로 예측하면서도 과학기술을 통해 이러한 문제들을 해결할 수 있을 것이라는 20세기적 상상력이 재현된 서사의 대표적인 형태라고 볼 수 있다. 그리고 우주 개발은 기술 문명을 통해 문제를 해결할 것이라는 신뢰와 상상력의 극단적인 형태인 셈이다. 하지만 현실의 2020년은 전혀 달랐다.

비록 우주전쟁은 없었지만, 적어도 2020년은 앞으로의 시간을 살아갈 사람들에게 기억되고 기록될 특별한 시점이 될 것이다. 2019년 12월 중국 우한시 보건위원회가 '원인 불명 폐렴'을 확인하고 3개월이 지나지 않아 2020년 3월 11일 세계보건기구가 코로나19 팬데믹(범유행)을 선언했다. 그리고 팬데믹 상황 중에 한국은 유례 없는 폭우로 기억될 여름을 보냈으며, 역시 기이하게 춥고 눈이 많이 오는 겨울을 지냈다. 시간대를 조금 뒤로 돌리면, 팬데믹 상황 직전에 호주에서는

1,100만 헥타르 이상의 산림이 불에 타버린 거대한 재난이 있었다. 2019년 9월에 시작돼 2020년 2월에야 진화된 호주 산불은 10억 마리 이상의 야생동물을 죽였다. 전문가들은 이 거대한 산불의 원인으로 기후위기를 지목하고 있다. 호주의 평균 기온은 1910년 이후 섭씨 1도 이상 상승했다. 게다가 2019년 호주는 100년 만의 가뭄을 경험하고 있었다. 2020년 미국 서부에서 발생한 사상 최악의 산불 역시 기후위기가 그 원인으로 지목된다. 높아진 북극의 기온이 만들어 낸 효과가 미 서부의 이상 고온 현상으로 이어졌다. 같은 시기 한국이 경험한 기록적인 폭우 현상도 같은 이유 때문이다. 이런 장면들을 토대로 생각해 볼 때 만약 팬데믹이라는 상황이 없었더라도 2020년은 충분히 위험한 한 해였을 것이다. 폭우와 폭염, 혹한과 폭설, 미세먼지가 지난해보다 심한 시간이었을 테니까. 하지만 이런 가정이 아무런 의미가 없는 이유는 결국 지금의 팬데믹 상황도 기후위기나 이 위기를 초래한 성장주의 이데올로기와 아주 긴밀하게 연결돼 있기 때문이다.

세계바이러스네트워크(Global virus network)는 코로나19의 유행을 분석하며 "기후변화와 지구화는 바이러스의 여권"이라고 규정한 바 있다. 더 나열하고 강조할 것 없이 2022년의 우리는 촘촘하게 연결된 종합적인 위기 상황에 놓여 있다. 팬데믹은 끝나지 않았고, 기후위기가 향하는 멸종의 시간표는 더 빠르게 돌아가기 시작했다.

어떤 미래에서 살고 싶은가?

"이런 오늘이 될 것이라고 예상하지 못했다"는 이야기는 더 이상 문학적인 표현이 아니게 되었다. 여러 가지 차원에서 우리는 예상하지 못한 오늘에 도착했다. 생태계의 위기를 경고했던 이들조차 위기가 일상으로 스며드는 구체적인 장면을 상상하지 못한 것은 마찬가지일 것이다.

사실 당장 하루하루의 삶이 버거운 사람들에게 내일과 내년의 미래를 그려보는 행위란 일상적인 것이 아니다. 특히 장기적 관점에서 20-30년 뒤의 미래를 내다보는 행위는 매우 특수한 것일 수밖에 없다. 나는 현재의 위기가 더 무서워진 이유는 미래에 대한 질문이 더 이상 힘을 갖지 못하게 되었기 때문이라고 생각한다. 하루하루가 불안한 일상에서 개인은 긴 시간축의 사고를 낭비적인 것으로 생각하게 되었다. 미래에 대한 질문은 그것이 개인에 대한 것이든 사회에 대한 것이든 기본적으로 긴 시간축의 사유를 요구한다.

하지만 미래에 대해 질문하지 않고서는 미래에 개입할 수 없다. 개입하지 않고 살아가는 방법으로는 적응하며 사는 방법이 있다. 시간과 공간이 모두 시장화된 사회에 적응하는 최선의 방법은 적극적인 소비자가 되는 것이다. 하지만 우리 모두가 적극적인 소비자가 될 수 있는 조건은 생태계를 파괴하고 지구의 자원을 고갈시킨 고성장 탄소경제라는 시스템으로부터 만들어졌다는 사실을 직시하면 이 역시 절망적이긴 마찬가지다. 이러한 난감함과 절망감은 다시 한번 미래에 개입하기 위한 질문의 필요성을 상기시킨다.

그런 맥락에서 2015년 《경향신문》이 진행했던 한 조사[1]를 복기해 볼 만하다. 당시 20-34세 청년 100여 명을 대상으로 진행되었던 청년 미래인식 조사는 20년 뒤(2035년) 미래에 대한 네 가지 시나리오를 바탕으로 토론을 진행한 뒤 질문에 답하는 방식으로 전개되었다. 이때 제시된 네 가지 시나리오는 다음과 같다.

첫째, '붕괴와 새로운 시작' 시나리오다. 이 시나리오는 경제 위기로 인해 한국의 기업들이 도산하고 많은 사람들이 농촌으로 향하는 내용을 담고 있다. 마을공동체가 발달하고, 중

---

1 이효상, "[부들부들 청년] [1부 ① 우린 붕괴를 원한다] 그래도 세상은 변하지 않을 거야…… 현실은 비관적", 《경향신문》, 2015.12.31.

요한 문제는 공동체 내의 민주적 방법으로 결정한다. '느림'의 가치가 실현되는 국가가 탄생한다.

두 번째 시나리오는 '계속 성장 사회'이다. 새로운 유전이 발견된다는 가정을 담고 있는 이 시나리오에서 한국은 세계 5대 강국이 되고, 서울은 더 화려해진다.

세 번째 시나리오는 '과학기술이 변화를 이끄는 사회'이다. 화성이 개발되고, 인공지능이 공공정책을 결정한다. 마치 「2020 우주의 원더키디」가 그린 (현재 시점에서는 과거가 되어버린) 미래의 한 단면을 보는 듯한 시나리오다.

마지막은 '자원 보존 사회' 시나리오다. 기후변화와 환경 문제로 좌절을 겪은 인류는 지속가능성을 중심으로 사회를 운영한다. 에너지와 식량의 소비를 국가가 강하게 통제하는 전체주의적 성향의 미래라는 특성이 있다.

이러한 네 가지 시나리오를 바탕으로 토론을 거친 100여 명의 참가자들이 희망하는 미래는 어떤 모습일까? 놀랍게도 절반에 가까운 (46.4%) 참가자들이 '붕괴와 새로운 시작' 시나리오를 선택했다. '계속 성장 사회' 시나리오(28.7%)와 '과학기술이 변화를 이끄는 사회' 시나리오(16.6%)가 그 뒤를 이었고, 가장 적은 지지도를 보인 시나리오는 '자원 보존 사회'(8.4%)였다. 그런데 참가자들의 희망과는 무관하게 가능성이 높은 미래를 질문했더니 전혀 다른 결과가 나왔다. 절반이 넘는 참가자가 답한 시나리오가 있었는데 그것은 바로 '자원 보존 사회' 시나리오였다. 103명의 참가자 중 52명이 가능성 높은 미래 시나리오로 '자원 보존 사회'를 선택했다.

5년 전 인식조사의 결과를 현재 시점에 복기해 보니 몇 가지 흥미로운 점을 발견하게 된다. 먼저 '자원 보존 사회'라는 시나리오를 가장 가능성이 높은 미래로 예측했던 참가자들의 판단에 대한 부분이다. 당시 참가자들은 민주주의와 자치가 강화된 공동체적인 미래로서 '붕괴와 새로운 시작' 시나리오에 가장 높은 지지를 보였으나, 현실이 될 시나리오로는 국가에 의한 통제와 전체주의적 경향이 강화된 '자원 보존 사회'를 선택했다. 그로부터 5년 뒤, 위기를 마주한 한국 사회가 어떻게 대응하고 있는지 질문해 보면 이 같은 예측은 매우 정확한 것이었다고 생각할 수 있다. 긴박한 위기가 민주주의의 시간을 빼앗는 것은 확실해 보인다. 우리는 우리가 처한 위기에 대해 정확히 진단할 새 없이 지침이 되어 내려온 규칙에 동참하는 것으로 시민 의식의 성숙도를 검증받는다.

두 번째 시사점은 희망하는 미래와 가능성이 높은 미래 사이의 간극에 대한 질문이다. '붕괴와 새로운 시작' 시나리오나 '자원 보존 사회' 모두 기존 시스템이 실패할 것이라는 인식을 공유하고 있다. 기존 시스템에 대한 긍정적인 전망을 공유하고 있다고 보이는 '계속 성장 사회'나 '과학기술이 변화를 이끄는 사회'는 희망적이지도 않고, 가능성 역시 낮은 시나리오로 판단된 셈이다. 그런데, 참가자들은 민주주의와 자치가 위기를 돌파할 무기가 되는 사회를 희망하면서도 이를 현실적으로는 어려운 목표라고 여겼다. 그리고 현실의 세계에서 민주주의와 자치의 자리를 차지할 것으로 예측된 것은 전체주의적인 통제와 이를 수행하는 국가이다.

우리가 '공동체'에 기대하는 것

이제 '붕괴와 새로운 시작' 시나리오를 조금 더 자세히 살펴보도록 하자. 느림의 가치가 실현되는 이 시나리오에서 소비에 의존했던 기존 시스템의 붕괴는 그다지 부정적인 것만은 아니다. 오히려 경제 위기와 환경 문제로 붕괴에 도달한 이전 세계에 대한 성찰은 '공동체'의 등장으로 이어진다. 그리고 "경제 위기는 곧 공동체의 위기"라며 경남 산청, 전북 무주, 대전 대덕, 강원 홍천 등지에서 공동체가 결성돼 '자급자족형 마을 네트워크'를 결성한다고 시나리오는 제시하고 있다. 여기서 단연 흥미로운 것은 '공동체'에서 희망을 찾는 태도이다. 공동체적 기억의 원형이 매우 희미해진 2030 세대가 희망하는 미래에 대해 고민하는 과정에서 '공동체'를 선택한 이유는 무엇일까? 과연 우리는 '공동체'에 무엇을 기대하고 있을까?

'왜 공동체인가'라는 질문에 대해 '인간의 공동체적 자아'와 '효용론적 관점에서 공동체의 기능', '도덕적 규범으로서의

공동체   · 생태 개념어 쪽지 ·

'공동체'는 다양한 의미로 활용되는 개념이다. 공동체의 초기 개념화는 농경 사회에서 산업 사회로의 변화를 설명하는 과정에서 이루어졌다. 1887년 출간된 독일의 사회학자 퇴니스(Ferdinand Tönnies)의 저서 『게마인샤프트와 게젤샤프트 (Gemeinschaft und Gesellschaft)』가 이에 관한 대표적인 접근이다. 퇴니스에 따르면, 게마인샤프트는 인간 상호간의 애정을 바탕으로 하는 전통적인 결합이고, 게젤샤프트는 이익을 달성하기 위해 선택의지에 의해 결합한 인위적 사회이다. 통상적으로 게마인샤프트는 'community'로, 게젤샤프트는 'society'로 번역하며, 퇴니스는 당시 유럽 사회가 'community'에서 'society'로 이행하는 것에 주목했다. 한편, 이 글이 주목하는 '공동체'는 공동체 개념의 이념형이 아니라 '공동체 운동'의 관점에서 호명되는 공동체에 가깝다. 공동체 운동은 차별과 불평등 문제, 환경 문제 등 현재적 위기의 원인으로 근대를 구성하는 지배적 패러다임의 한계를 지목하며 패러다임의 전환을 통해 새로운 세계관과 삶의 양식의 변화를 추구하는 움직임들로 이해할 수 있다.(이근행, 2006) "계층이 없는 인간관계, 분권화된 공동체 사회, 태양열과 같은 생태적 기술, 유기 농업 그리고 인간적 규모의 산업에 근거한 생태적인 사회"라는 머레이 북친(Murray Bookchin)의 문장은 공동체 운동이 지향하는 사회의 한 단면을 잘 설명해 준다.

공동체'를 그 단서로 제시하는 주장이 있다.[2] 우선 공동체적 자아(communal self)란 인간이 가지고 태어나는 것이다. 이 주장에 따르면, 인간은 본능과 이성, 도덕의 차원에서 공동체에 대한 열망을 보유하고 있다. 공동체적 자아는 '자유롭고 주체적이면서도, 타자에 대한 배려와 책임 의식을 내면화한 특징'을 보인다.[3] 이러한 분석은 개인에 내재된 공동체성을 강조한다. 우리 사회에 규범으로서 존재하는 '더불어 살아가는 모둠살이, 친밀성을 매개로 하는 공동체를 가꾸고 만들어가야 할 책임'을 강조[4]하는 관념 역시 이러한 내재화된 공동체적 자아에 대한 설명과 맥락을 같이 한다. 이와 같은 주장을 재구성하면, 공동체적 자아를 가지고 태어나는 인간에게 도덕적 규범으로서 공동체에 대한 지향은 당연한 것이 된다. 한편, 효용론적 관점에서 공동체의 기능적 우위에 주목하는 것은 조금 다른 접근이다. 효용론적 관점에서 공동체는 국가나 시장보다 더 효율적으로 자원을 관리할 수 있는 가능성을 담지한 영역이다. 최근 특히 넓은 관심을 받고 있는 커먼즈(Commons)에 대한 논의가 이러한 관점의 대표적인 사례라고 할 수 있다. 일찍이 생태학자

2 이종수, 『공동체: 유토피아에서 마을 만들기까지』(박영사, 2015), 4쪽.

3 같은 책, 6쪽.

4 같은 책, 11쪽.

개럿 하딘(Garrett Hardin)은 1968년 발표한 그의 논문 「공동관리 자원의 비극(The Tragedy of the Commons)」에서 전쟁, 질병, 밀렵 등 변수로부터 자유로운 사회적 안정 상태에 도달해 인구 과잉 문제를 마주한 인류가 처하게 될(가속화될) 공동관리자원의 비극 문제를 지적한 바 있다. 하딘은 양심, 책임성과 같은 가치에 이 같은 문제를 맡길 수 없기 때문에 상호 동의한 제재가 필요하다고 주장했다. 이에 대해 경제학자이자 정치학자인 엘리너 오스트롬(Elinor Ostrom)은 이른바 '공유의 딜레마' 문제를 해결하기 위해 현재 다양한 공동체에서 채택하고 있는 공동자

커먼즈   · 생태 개념어 쪽지 ·

커먼즈(commons) 논의에는 크게 두 가지 접근이 존재한다. 자원 관리 패러다임과 정치 접근법이 바로 그것이다.(정영신, 2020) 자원 관리 패러다임은 엘리너 오스트롬(Elinor Ostrom)에 의해 본격화된 커먼즈 논의이다. 오스트롬은 개럿 하딘이 제기한 '공유지의 비극' 문제와 그 이후 전개된 '유이'한 접근(시장화와 국가주의) 간의 논쟁에 대응하며 제3의 길로서 공동 자원의 자발적이고 자치적인 관리 사례를 연구했다. 따라서 오스트롬에 의해 촉발된 자원 관리 패러다임에 입각한 커먼즈 논의는 공동 자원 상황에 놓인 자원과 관리 제도, 지속가능한 자원 이용의 모색을 연구 대상이자 사회적 과제로 설정한다. 반면, 커먼즈의 정치 접근법적인 논의는 커먼즈를 배제 불가능성과 경합성을 가진 재화에 국한하는 것이 아니라 '공동의 것으로 인정되고 사용되는 자원과 공간, 우리 모두의 것'을 지칭하는 개념으로 활용한다. 따라서 이와 같은 접근은 공동의 것을 생산하는 과정과 실천, 그리고 권리의 제도화를 위한 정치와 운동을 중요한 과제로 제시한다.(정영신, 2020)

원 관리의 모델들을 검토했다. 오스트롬은 국가와 같은 강력한 외부 강제력의 개입이나 강력한 사유재산권의 보호와 같은 기존의 해법을 넘어 자발적 집합 행동과 자치를 통해 효과적으로 자원을 관리한 경험에 관해 연구했고, 이와 같은 연구의 성과를 인정받아 2009년 노벨 경제학상을 수상했다.

인도의 마하트마 간디(Mohandas Karamchand Gandhi)는 우리가 공동체에 기대하는 여러 가지 이유를 종합해 미래 사회의 모델로서 활용한 대표적인 인물이다. 간디는 "미래 세계의 희망은 모든 활동이 자발적인 협력으로 이뤄지는 작고 평화롭고 협력적인 마을에 있다"고 이야기한다. 그리고 자치마을 '스와라지(Swaraj)'를 그 모델로 제안했다. 특히, 간디는 국가란 비폭력과 모순되기 때문에 국가가 사라지기 전에는 비폭력이 구현된 이상사회가 도래할 수 없을 것이라 보았다. 하지만 국가가 현실적으로 소멸될 가능성은 없고, 또한 당장 국가가 사라진다는 것은 곧 무질서를 초래한다는 점에서 바람직하지 않기 때문에 간디는 그 대안으로 '스와라지'를 제시했다.[5] 그런데 정말 간디의 말처럼 미래 세계의 희망은 작고 평화롭고 협력적인 마을에 있을까? 정말로 공동체는 세상을 구할 수 있을까?

---

5 신용인, 『마을공화국, 상상에서 실천으로: 진정한 민주공화국을 위하여』(한티재, 2019), 77쪽.

하지만 정말 공동체는 세상을 구할까?

공동체를 현재 우리 사회가 마주한 위기를 해결할 수 있는 가능성이자 미래 사회의 모델로서 주목하는 일련의 흐름에 대해 조금 더 자세히 들여다보도록 하자. 공동체는 앞서 이야기했듯이 효용론적인 관점에서도 적극적으로 그 가능성이 검토되고 있다. 하지만, 동시에 공동체적 자아나 도덕적 규범으로서 공동체를 강조하는 입장 역시 우리가 공동체에 거는 기대를 이야기할 때 큰 비중을 차지한다고 할 수 있다. 특히 이런 식으로 인간의 내재된 본능이나 규범적 차원에 주목하는 경향은 정서적이고 문화적인 측면과도 강력하게 연결된다. 물론 '공동체적 자아'란 곧 전체주의적인 경향이나 특성을 뜻하는 것은 아니다. 하지만, 문화적으로 소환되는 '공동체'는 분명 개인의 영역을 침범하거나 개인의 자유를 제약하는 다소 구시대적인 것으로 의심받는 것도 사실이다. 옆집 숟가락 개수마저 알았던 시대를 공동체적인 향수로 소환하는 것이 대표적이다. 그런데 누군가에게는 옆집 숟가락 개수까지 알 수밖에 없는 친밀감이 견딜 수 없는 부자유일 수 있다는 점에서 이러한 접근은 경계할 필요가 있다. 우리는 때때로 익명성을 공동체적이지 않은 부정적인 조건으로 인지하고, 촘촘한 관계망이 우리 사회의 많은 문제를 해결할 것처럼 기대하곤 한다. 하지만, 촘촘한 관계망이 눈에 보이지 않는 위계를 양산하고 이러한 위계가 공동체의 다양성을 해칠 수 있다는 사실 역시 주지해야 한다.

한편 낭만의 대상이 된 공동체는 권력의 문제를 쉽게 보이지 않는 영역으로 감추는 역할을 하기도 한다. 예컨대 제도화된 도시의 마을공동체 활동은 다양한 성과지표를 통해 공동체성의 함양을 측정하지만 도시 공간에서 한 장소에 오래 정주한다는 것이 갖는 권력적 위계를 그러한 지표 안에 반영하지는 않는다. 국토교통부가 발표한 「2019년 주거실태조사」에 의하면 전체 가구의 평균 거주 기간은 7.7년, 이 중 자가 가구는 10.7년, 임차 가구는 3.2년으로, 집을 소유한 이들과 그렇지 않은 이들 사이에 정주 기간의 차이가 확연히 드러났다. 역시 같은 조사의 결과에 따르면 현재 주택 거주 기간이 2년 이내인 비율은 임차 가구의 경우 60.9%, 자가 가구의 경우 20.3%로 3배 정도 차이가 난다. 한 장소에 오래 머무를 수 있다는 것은 단지 공동체적인 지향이 있고 없고의 문제가 아닌 것이다. 그뿐 아니다. 2019년 통계청이 발표한 「2019년 일·가정 양립 지표」에 따르면, 한국 임금 노동자의 평균 노동시간은 주당 41.5시간으로 OECD 국가들 내에서도 매우 많은 편에 속한다. 누군가 생활 공간에서 오랜 시간을 보낼 수 있다는 것 역시 그가 갖고 있는 공동체적 덕목과는 무관한 변수에 영향받는 것이 사실이다.

이렇듯 시간과 장소의 문제, 정확히는 시간과 장소가 '없는' 문제는 공동체의 문제와 매우 밀접하다. 하지만, 공동체를 낭만하게 되면 이 밀접한 문제를 보이지 않은 것으로 취급하는 실수를 저지르기 쉽다. 또한, 권력의 문제를 직시할 때 절대 간과해선 안 되는 것이 인류 역사상 가장 오래되고 견고한 권력으로 존재해 온 남성 중심의 가부장제 문제이다. 공동체를 낭만적인 공간으로 소환할 때 우리는 공동체를 지탱해 온 여성의 무급 돌봄노동과 정상 가족 이데올로기를 비판 없이 받아들이곤 한다. 이때 여러 번 강조해도 부족한 사실은 남성 중심 가부장제는 우리가 풀어가고자 하는 위협들의 곁가지가 아니라, 가장 본질적인 연결고리라는 점이다.

이쯤 되면 다시 한번 질문을 던질 수밖에 없다. 과연 공동체는 정말 세상을 구할 수 있을까? 우리가 낭만의 대상으로 삼은 '공동체'라는 실체가 실은 우리가 극복해야 할 여러 가지 모순들이 모여 있는 영역은 아니었을까?

2장

◆

산안마을의 실험

1 야마기시즘에 대하여

종합적 사회 기획으로서의 야마기시즘

어느 때보다 치명적인 위기로 가득한 2020년대가 더 위기적인 이유는 종합적이고 장기적인 미래적 전망을 둘러싼 경합이 더 이상 확인되지 않기 때문이다. 이것이야말로 가장 절망적인 조건 아닐까?

이런 절망적 조건이 마련되기까지 여러 가지 변수들이 작동했겠지만, 한 가지 내가 갖고 있는 가설은 인류가 수행했던 여러 가지 사회적 실험들을 충분히 복기하지 않았기 때문이라는 것이다. 작은 조직에서도 가장 곤란하고 고약한 분위기가 형성되는 것은 '해봐서 아는' 분위기가 만들어질 때이다. 해봐서 안 된 것을 아는 것과 무엇을 해봤으며 그것이 어떤 점에서 부족했는지 아는 것은 완전히 다른 전개를 만들어 낸다. 나는 우리 사회에 해봐서 안 된 경험은 축적되었는데, 그 경험의 실체를 정확히 파악하는 작업은 매우 부족하다고 의심하고 있다. 특히 구체적인 사회운동에 대한 분석에 대해서도 그러할 것이라 생각한다. 우리는 사회운동이 가장 가시적인 성과를 내고 있는 순간을, 그 순간 이후의 장면들을 추적하고 분석하는 것에는 인색하다.

나는 20세기에 시작되어 21세기로 이어진 어떤 사회적 실험을 복기하는 작업을 시도해 보고자 한다. 바로 '야마기시즘'이라고 알려진 실험이다. 야마기시즘은 일본의 야마기시 미요조(山岸巳大藏,, 1901-1961)가 제창한 이념으로 '무소유 일체 사회'를 지향한다. 이러한 이념을 실현해 무소유, 공용(共用), 공활(共活)의 사회 원리를 적용한 장소가 바로 '야마기시즘 실현지'이다.

야마기시즘 실현지는 1958년 일본의 미에현 가스가야마에서 처음 만들어졌고, 이후 7개국 40여 개소로 확장되었다. 한국의 경우 1984년 경기도 화성에 야마기시즘 실현지가 만들어졌고, '산안마을'이라 불리기도 한다. 야마기시즘은 한국에서는 주로 이즘의 구현 장소인 실현지가 강조되며 공동체 운동의 사례로 연구되거나, 대안공동체, 생태공동체 등의 범주에서 소개된 바 있다.

생태공동체적 실험 중에서도 야마기시즘 실현지를 생명지역주의(bioregionalism)의 구체적인 실천 사례로 지목한 연구[6]도 주목할 만하다. 2000년대 초반까지 수행된 야마기시즘 실현지에 대한 연구는 생태주의에 기반한 계획공동체의 성공적인 사례로서 야마기시즘 실현지를 언급하는 특징이 있다.

반면, 사회운동의 관점에서 야마기시즘을 분석한 연구는 잘 확인되지 않는다. 야마기시즘 실현지가 주로 농업에 기반하고 있으며, 자연과 인위의 조화를 핵심 가치로 내세우고 있다는 점에서 넓은 범주에서 생태주의 공동체로 분류된 근거는 충분하며, 합리적인 접근이었다고 보인다. 하지만, 야마기시즘 자체는 회(會, association)를 조직해 이를 기반으로 이념을 전파하려 했다는 점에서 확장을 목표로 하는 사회운동의 특성을 갖고 있다. 야마기시즘 실현지가 향후 만들어질 야마기시즘 사회의 식량 기지 역할을 한다는 구상은 운동적 특성을 지닌 야마기시즘의 목표를 유추할 수 있게 한다. 또한 야마기시즘 실현

6 송명규 외, 「생명지역주의(bioregionalism)의 이론과 실천: '산안마을'을 사례로」, 한국학술진흥재단 '98 인문사회중점영역연구 최종보고서, 2000.

한국 실현지 야마기시즘 사회식 계사 만드는 장면(1980년대).

지는 필요한 사람에게 필요한 만큼 분배한다는 공산주의적 유
토피아를 실현한 작은 실험이기도 한데, 이에 대한 분석 역시
부족한 편이다. 주로 생태주의 공동체로 야마기시즘 실현지를
분류하면서 야마기시즘이 담고 있는 급진적인 사회경제적 지
향은 강조가 되지 않은 탓이다. 물론 생태주의는 그 내용 면에
서 자본주의 사회의 한계에 주목하고, 이를 극복하는 것이 생
태적 위기에 대응하는 방법이라 공히 강조하고 있지만 분석
대상을 공동체적 실험에 한정한 탓에 보편적 사회 기획으로서
제안된 야마기시즘의 경제 시스템을 간과하고 있는 것으로 보

인다. 나는 현재 시점에 야마기시즘 실현지가 채택한 무소유, 공용, 공활의 사회 원리가 어떻게 수행되었는지 구체적으로 분석하는 것은 매우 중요하다고 생각한다.

야마기시즘의 사회 기획은 종합적이다. 그렇기 때문에 기존에 존재하는 특정 이론의 구체적인 사례로 야마기시즘을 연구하는 작업은 유의미하지만 한계가 있다. 예컨대, 앞서 언급한 생명지역주의 실천의 사례로서 야마기시즘 실현지를 이해하는 것은 가능한 일이지만 충분하지는 않다. 인간 개인의 존재보다는 자연과 인간, 모든 생명의 연결과 순환을 강조하는 인식론을 채택하고 있다는 점에서 전체적 실체를 강조하는 전일주의적 관점과 연결되고, 이는 생명지역주의가 채택한 환경 윤리관과 공유하는 지점이라 할 것이다. 하지만 생명지역주의는 '생명 지역'을 "인위가 배제된, 그곳의 생활양식의 풍토와 생물상으로 정의되는 지역"으로 규정하는데,[7] '자연과 인위의 조화'를 모토로 삼고 있는 야마기시즘의 가치 체계가 이와 온전히 일치한다고 보기는 힘들다. 무엇보다 야마기시즘은 이즘의 실천적 장소로서 실현지를 '공동체'로 규정하는 것에 대해 다른 의견을 밝혀온 바 있다. 야마기시즘의 생활 원리는 개(個)

---

[7] 송명규 외, 앞의 보고서.

한국 야마기시즘 실현지 초기 구성원 단체 사진(1990년대 초).

가 연합한 공동의 생활이 아니라, 연속된 개(個)의 존재를 자각
함으로써 일체화하는 것에 초점을 맞추고 있다는 것이 대표적
인 이유[8]이다. 따라서 '실현지'라는 정주 장소를 중심으로 야마
기시즘을 '공동체'적 경험으로만 해석하는 것은 그 자체로 한
계가 있다고 볼 수 있다.

　야마기시즘은 보편적 사회 기획으로서 이해할 때 좀 더 정

---

8 야마기시즘 실현지 문화과, 야마기시즘 실현지 출판부 옮김, 『자연과 인간이 하나가 되는
야마기시즘 농법: 돈이 필요없는 사이좋은 즐거운 마을 이야기』(야마기시즘 실현지 출판부,
1999).

확한 접근이 가능하다. 이런 접근을 통해 구체적으로 어떤 사회화 과정이 이 같은 사회 원리의 작동을 가능하게 했는지, 그리고 그러한 사회화 과정이 만들어 낸 부작용은 무엇이었는지 질문해 볼 수 있다. 그리고 이러한 질문을 통해 야마기시즘 실현지의 경험은 체제 전환에 대한 보편적 기획의 구체적인 실험으로서 의미를 획득하게 되고 사회운동으로서 그 기능을 재확인하게 될 것이다. '언젠가 도래할 이상사회를 미리 살아본다'는 것이 야마기시즘 실현지가 공유한 태도였다는 점에서 우리는 미리 살아본 이상사회의 경험을 분석하는 작업의 의미를 찾을 수 있다.

야마기시즘의 공동체적 전망

야마기시즘의 미래 전망에는 앞서 살펴본 《경향신문》의 청년 미래 인식 조사가 제시한 4가지 미래 시나리오의 내용이 고루 담겨 있다. 이런 복잡성은 경험적 자산이 갖고 있는 강점이다. 예를 들어, 야마기시즘이 갖고 있는 농업에 대한 태도나 사회 운영의 방식은 많은 부분 '붕괴와 새로운 시작' 시나리오와 닮아 있다. 하지만 야마기시즘은 과학, 특히 기계화가 갖고 있는 긍정적 전망을 부정하지 않았다. "기계화할 수 있는 면은 될 수 있으면 기계화해서, 사람은 사람밖에 할 수 없는 일을 한다"는 것이 야마기시즘 실현지의 기계관이었다.[9] 또한, 야마기시즘은 생산성의 증진과 물질적 풍요 역시 이상 사회가 구축되기 위해 도달해야 할 목표로 삼는다. 이러한 면모들은 지금과는 다른 생태적 한계에 대한 인식이 존재했던 20세기적 맥락이 작동한 결과일 수 있지만, 어쨌든 '과학기술이 변화를 이끄는 사회' 시나리오나 '계속 성장 사회' 시나리오의 어떤 전제들을 적극적으로 기각하지는 않는다고 볼 수 있다. '자원 보존 사회' 시나리오는 전체주의적 경향이 강화된다는 점에서 야마기시즘이 지향하는 사회 운영 원리와 거리가 있지만, '일체 사회'라는 개념이 '전체주의'와 어떤 차이가 있는지 탐구하게 하는 질문을 던지게 한다. 야마기시즘은 '우두머리나 관리직이 없어 명령이나 통제가 존재하지 않지만, 각자의 자유의지에 의한 임의의 자각으로 역할을 다하는 사회'를 지향한다. 이것은 야마기시즘이 채택한 운동론의 핵심이기도 한데, 야마기시즘은 의식 혁명을 통해 사회, 정치적 혁명이 가능하다는 입장을 취하고 있고, '야마기시즘 특강', '연찬학교'와 같은 프로그램이 이러한 의식 혁명의 도구로 역할하고 있다. 실제로 야마기시즘 실현지에는 임금도 분배도 없었다. 1990년대에 야마

---

9 야마기시즘 실현지 문화과, 앞의 책.

기시즘이 사회적으로 주목받았던 맥락에는 야마기시즘 실현지가 '경쟁'에 기반한 시스템을 채택하지 않고 무소유 일체 경영이라는 원리를 구현했음에도 전체적으로는 놀라운 생산력을 갖추었다는 점이 있었다. 전쟁이나 파시즘이라는 가능성을 최대한 멀리하고, 민주적 원칙과 협력에 입각해 지금의 위기를 극복할 수 있는 사회 변화를 도모한다면, 시민의식의 성장이나 새로운 시티즌십(citizenship)의 등장은 중요한 주제로 다뤄져야 한다. 따라서 의식 혁명을 사회 변화의 목표이자 방법론으로 채택한 야마기시즘 운동의 경험을 복기할 필요성은 충분하다.

2 연찬을 통해 운영되는 사회

'새로운 인간'과 '주체성 생산'

체 게바라(Che Guevara)는 사회주의 사회로의 이행을 위해서는 '새로운 인간'이 출현해야 한다고 주장했다. 1960년 소련을 방문한 체는 소련의 당 엘리트들의 부패와 기만을 목격하고 크게 실망했다. 그는 1965년 우르과이의 주간지 《전진(Marcha)》에 보낸 서신 '쿠바에서의 인간과 사회주의(Socialism and man in Cuba)'에 "공산주의를 건설하려면 새로운 물질적 기초와 더불어 '새로운 인간'을 형성하지 않으면 안 된다"는 자신의 생각을 정확히 밝혔다.

생태주의자이자 철학자인 펠릭스 가타리(Felix Guattari)는 주체성을 어떻게 구성하고 생산하는가의 문제가 생태주의의 핵심 의제라고 주목한 바 있다. 가타리는 그의 책 『세 가지 생태학』에서 마음생태, 사회생태, 자연생태라는 도식을 활용하는데, 특히 가타리는 마음생태의 영역을 강조한다. 여기서 마음생태는 바로 주체성 생산의 의미를 갖는다.[10] 현대의 생태 문제는 자연환경의 문제뿐 아니라 사회적이고, 정신적인 문제를 내포하고 있다. 가타리는 이러한 문제의식에 착안해 세 가지 생태학을 통해 자연으로의 회귀나 복원이 아니라 세계 자본주의와 대중 매체가 부여하는 동질성과 획일화로부터 벗어나려는 특이성, 예외성, 희소성을 발견하고자 노력했다.[11]

2020년대는 자본주의가 야기한 불평등의 문제와 기후위기로 대표되는 생태적 위기가 복합적이면서 치명적으로 드러나고 있는 시기이다. 2020년 인류가 마주했던 코로나19 팬데믹은 불평등과 기후위기라는 구체적인 위협과 결코 분리될 수

---

10 신승철, 『펠릭스 가타리의 생태철학』(그물코, 2011), 64쪽.

11 박민철·최진아, 「펠릭스 가타리의 생태철학: 카오스모제, 생태적 주체성 그리고 생태민주주의」,《철학연구》127, 2019, 233-258쪽.

없으며, 그 원인과 결과를 긴밀하게 공유한 현상이라고 볼 수 있다. 대부분의 사람들은 지금의 이 위기를 벗어나고 싶어한다. 그렇기 때문에 현실의 정치인은 문제를 인식하는 방법에서 그 해법까지 각자가 설정한 경로를 제시하고 이를 통해 시민들을 설득한다. 그런데 과연 현실의 문제를 해결하기 위한 사회적이고 정치적인 시도들이 과연 우리의 삶을 더 낫게 하는 것일까. 20세기 인류는 이념에 기초해 급진적으로 변혁한 체제가 결코 인간의 삶을 고루 행복하게 해줄 수 없다는 것을 경험한 바 있다. 현실 사회주의의 붕괴가 대표적이다. 그래서 체 계

펠릭스 가타리의 세 가지 생태학　　　　　·생태 개념어 쪽지·

프랑스 심리치료사 펠릭스 가타리(Félix Guattari)는 사회 변혁을 주장하는 좌파 생태주의와 자연보호를 주장하는 우파 생태주의 간의 대립과 모순을 통합할 세 가지 다이어그램을 그려내는데, 이는 자연생태학, 사회생태학, 정신생태학이라고 구성된 세 가지 생태학의 구도를 말하는 것이다. 이 책에서는 특히 정신생태학 영역에서의 주체성 생산(The prodution or subjectivity)을 강조한다. 다시 말해 '그 일을 해낼 사람을 만들어 내는 것'이 생태주의의 가장 중요한 실천이라는 것이다. 그 점에서 재특이화를 거쳐 기존의 주체성들이 새롭게 재창조될 뿐만 아니라, 사물, 기계, 자연, 생명과의 독특한 관계 맺기의 방식을 통해서 새로운 주체성이 등장할 여지를 그려냈다. 이러한 세 가지 생태학의 구도처럼 펠릭스 가타리는 프랑스 생태주의 운동에서 독특한 궤적을 그린다. 좌도 우도 아닌 녹색당과 좌파 생태주의이지만 원전을 찬성하는 생태 세대 둘 다에게 지지를 받는 유일한 인물이 가타리였기 때문이다. 이는 생태주의를 전략적으로 재배치함으로써 기후위기와 전환 사회의 방법론으로 통합하려는 시도이자 실험이었다는 점에 큰 의미가 있다.

바라가 강조한 '새로운 인간', 펠릭스 가타리가 주목한 마음생태와 세 가지 생태학의 통전적인 연결에 대한 제안은 오늘날 더 묵직한 시사점을 준다. 여기서 우리가 재구성할 수 있는 질문은 다음과 같을 것이다. 새로운 사회의 주체는 어떤 모습이어야 하는가? 그리고 그러한 주체성은 어떻게 개발되고 성장할 수 있는가?

야마기시즘의 연찬 생활

야마기시즘 역시 새로운 인간의 등장, 그리고 주체성의 생산에 지대한 관심을 가진 이념 체계이자 실천 양식이다. 야마기시즘이 설정한 이상 사회는 '우두머리나 관리직이 없어 명령이나 통제가 존재하지 않지만, 각자의 자유의지에 의한 임의의 자각으로 역할을 다하는 사회'이다. 규율이나 명령이 아니라 각자의 자유의지와 임의의 자각에 의해 무소유 일체 사회를 운영한다는 지향점은 사회의 구성원들이 고도의 의식적 각성을 경험한다는 전제 위에 서 있다. 그리고 이러한 전제가 야마기시즘의 운동론 내지는 혁명론의 핵심이다. 야마기시즘은 의식 혁명을 통해 사회·정치적 혁명이 가능하다고 주창한다.

이때 연찬(研鑽)은 야마기시즘 사회를 구성하는 핵심적인 열쇳말이다. 본래 '학문 따위를 깊이 연구'한다는 사전적 의미를 갖고 있기도 한 연찬은 야마기시즘에서 의사결정 방식이자 생활 방식, 그리고 무엇보다 사유 방식으로서 작동한다.[12] 야마기시즘의 연찬이 단순히 소통 방법이나 기술을 의미하는 것이 아니라 사유 방식으로 역할한다고 볼 수 있는 이유는 야마기시즘 연찬이 강조하는 인식론에 있다. 우선, 야마기시즘의 연찬 방식은 '누가 옳은가?'를 다투는 것이 아니라 '무엇이 옳은가?'를 탐구하는 과정이고, 모든 지식과 정보를 광범위하게 받아들여 최선의 결론을 도출하는 사유 방식이다.[13]

여기까지는 소통 문제나 의사결정 방식에 있어서 과학적 태도를 강조하는 사회 일반의 주장이나 그러한 주장에 입각한 사회과학적 접근과 크게 다르지 않아 보인다. 야마기시즘 연찬의 특수성은 이른바 무엇이 옳은지 질문하고 최선의 답을 함께 찾아가는 과학적 탐구라는 것이 기술적인 접근이나 규범적인 논리로는 불가능하다고 인정한다는 것에 있다. 그리고 자기 관념과 아집을 제거하는 인식론적 전환을 통해 과학적 탐구를 실천한다. 야마기시즘이 이념 체계와 실천 양식을 확대하고 재생산하는 대표적인 대외 행사인 '야마기시즘 특별강습연찬회

---

12 김태경, 「연찬·학육방식을 통한 대안적 환경가치교육 방안—일본 도요사또 실현지 사례분석」, 서울대학교 박사학위 논문, 1999.

13 이남곡, 『논어, 사람을 사랑하는 기술』(한겨레출판사, 2012), 19쪽.

(이하 야마기시즘 특강)'는 7박 8일의 과정으로 진행되는데, 이 야마기시즘 특강의 첫 번째 주제가 '자신의 생각이 실재(사실)와는 별개인 개인의 감각과 판단이라는 자각을 유지'하는 것인 이유가 바로 이러한 접근 때문이다. 야마기시즘에서는 이러한 연찬 태도를 '영위(營位)에 선다'라고 표현한다. 이렇듯 자신의 생각과 사실을 분리하는 것으로부터 자기 변혁이 시작되고, 그러한 자기 변혁을 통해 사회·정치적 혁명을 수행할 수 있을 것이라는 구상이 야마기시즘이 추구하는 바라고 할 수 있다.

야마기시즘 연찬의 또 다른 특수성은 자칫 개인적 차원의 구도(求道) 활동에 머무를 수 있는 이러한 인식론적 전환의 시도를 사회 시스템으로 작동하게 설정했다는 것이다. 야마기시즘 양계법에서도 "연찬이야말로 야마기시즘 양계법의 생명선"이라고 강조하고 있으며, 야마기시즘 실현지(야마기시즘의 이상향을 생활 전체의 영역에서 실현하는 정주 공간)의 모든 의사결정은 실제로 연찬을 통해 이뤄진다. 야마기시즘 실현지 중 가장 큰 규모였던 일본의 도요사토 실현지는 한때 3천 명 정도가 함께 생활할 정도로 그 규모가 커졌었는데, 3천 명 규모의 작은 사회가 사유 방식이자 의사결정 방식으로 '연찬'을 채택했고 연찬이라는 결정 구조가 실제로 사회를 경영했던 경험을 복기하는 것은 민주주의의 다음 단계를 모색하려는 이들에게 매우 흥미로운 주제일 수밖에 없을 것이다.

　마지막으로 야마기시즘 연찬이 갖는 중요한 의미는 '무소유 일체 사회'라는 야마기시즘 사회의 지향이 오로지 연찬 방식을 통해 규명되고 실현될 수 있다는 점이다. 소유 관념은 야마기시즘을 구성하는 매우 중요한 주제이다. 야마기시즘은 물질적인 대상뿐 아니라 지식, 정보와 같은 무형의 것들을 둘러싼 소유 관념을 해체하는 것이야말로 이상 사회를 구현하는 최적의 경로라고 보았다. 야마기시즘은 소유 문제를 풀어감에 있어 제도적 변혁을 우선한다거나 종교적 실천 과제로서 '무소유'를 주장하는 일련의 시도들과는 거리를 둔다. 그보다 야마기시즘이 천착한 소유 문제를 변혁하는 방법은 연찬을 통해 개인의 소유 관념에 대해 깊이 검토하고 개인의 자각에 기반해 '무소유 일체 사회'라는 시스템을 구현하는 것이다. 그런 맥락에서 야마기시즘의 연찬은 무소유 일체 사회라는 이상 사회를 실현하기 위해 의식과 제도, 두 가지 범주의 변혁을 연결하는 도구이자 관점이라고 할 수 있다.

의식 혁명과 제도 변혁을 연결하는 고리

　야마기시즘이라는 이념과 야마기시즘 실현지라는 구체적 실체가 한국 사회에서 가장 주목받았던 시기는 1990년대였다.

1987년 한국의 정치사회적 국면과 1990년대 초 세계사적 사건
이라 할 수 있는 소련의 붕괴로 인해 자본주의는 물론 현실 사
회주의의 실험을 넘어서는 대안을 모색하고자 하는 사회적 분
위기가 존재했기 때문이다. 이러한 분위기 속에 야마기시즘은
현실 사회주의의 몰락을 목격하며 동력을 잃은 좌파들, 제도적
민주화 이후 새로운 의제를 설정해야 했던 시민운동 진영, 급
격하게 진행되는 환경 문제, 비인간화 문제 등에 대응해야 했
던 생명운동, 농민운동, 환경운동, 진보적인 종교운동 진영 등
더 나은 사회를 꿈꾸는 이들에게 영감을 주었다.[14] 여러 가지
이유에서 사람들은 야마기시즘을 통해 미래 사회에 대한 상상
력을 얻었다. 예컨대, 마르크스주의자를 포함한 일군의 좌파들
에게 야마기시즘 실현지는 어떤 의미에서 공산주의 사회의 원
리인 '능력에 따라 일하고, 필요한 만큼 가져가는' 사회를 작은
규모이지만 실현하는 데 성공한 사례[15]로 읽혔을 것이다.

연찬이 이러한 야마기시즘의 특수한 경험과 성과를 견인한
핵심적인 구성 요소라는 사실에 대해 더 이상 강조할 필요는
없을 것 같다. 하지만 동시에 우리가 주목해야 할 것은 야마기
시즘이라는 사회 기획의 확장성과 현재적 적용 가능성에 대해

---

14 김현주, 「산안마을, 시대와 함께하다」, 제11회 마을만들기전국대회발표자료, 2018.
15 권희중 외, 『우리의 욕망을 공유합니다』(한살림, 2020), 117쪽.

성찰적으로 접근할 때 중요한 도전이 되는 것 역시 역설적으로 바로 이 '연찬'일 수 있다는 점이다. 우선 고정하거나 단정하지 않는 태도를 최우선 과제로 삼은 연찬 방식이 모순적이게도 견고한 의례가 되어 오히려 고정적인 관념을 공동체 내부에서 재생산하는 명분이 되어버릴 수 있다는 우려는 야마기시즘 실현지의 경험에서 일부 확인할 수 있었던 것이다. 야마기시즘은 연찬을 과학적 소통 방식으로 강조하며 야마기시즘의 이념 체계와 실현지라는 정주 공간이 종교로 의심받는 것을 경계했는데, 연찬이 의례화되는 경험은 과학과 종교의 경계가 어느 위치에 어떤 방식으로 형성되는지에 관해 질문하게 한다. 우리가 의식 혁명, 정신의 진화를 제도와 물질의 전환 과제를 수행함에 있어 필수적인 조건이라 인지한다면, 야마기시즘의 구상과 실험 경험, 그리고 그 실험이 마주했던 한계 지점에 대한 검토는 무엇보다 소중한 경험 자산이 될 것이라 생각한다.

또한, 야마기시즘의 연찬을 민주주의의 급진적인 실험으로 검토할 때 주요하게 살펴야 할 지점이 있다. 야마기시즘 실현지는 연찬을 통해 모든 공식적인 의사결정을 진행하는데, 실제로 연찬의 과정과 결과가 곧 사회적이고 정치적인 정당성을 획득한다는 점에서 매우 급진적인 민주주의 실험이라고 볼 수 있다. 하지만 그러한 과정에서 주로 오랜 기간 실현지에 있었던 사람에게 정보가 몰리기도 하고, 이념에 대한 이해의 격차도 발생하는데 이러한 차이가 권위가 되는 과정에 대한 성찰이 부족했다는 평가[16]에 주목할 필요가 있다. 연찬에 의해 운영되는 사회를 지향한 야마기시즘은 공식적인 장(長)이 없는 사회적 구조를 채택했고, 연찬은 소통 방식이나 결정 구조로서 그 자체로 사회적 권위를 갖는데, 이 과정에서 실제로 마주했던 한계인 셈이다. 우리는 이러한 경험을 통해 급진적 민주주의의 지향이 자칫 비공식적 권력을 강화하는 방식으로 왜곡될 우려를 사전에 학습할 수 있다. 아마도 야마기시즘 연찬의 현재적 적용 가능성을 검토하기 위해서는 정치적인 정당성에 대한 다양한 고민과, 권력을 가시화하고 더 민주적인 방법으로 사회적인 권위를 형성하고자 노력했던 인류 보편의 실험들을 야마기시즘 연찬의 경험 및 그 한계와 연결지어 살펴봐야 할 것이라 생각한다.

그럼에도 불구하고, 야마기시즘의 연찬이 현재 시점에 우리 사회에 주는 시사점은 제법 크고 중요한 것이라는 점을 마지막으로 강조하고 싶다. 무엇보다 바뀐 미디어 환경 속에서 즉자적인 판단과 단죄적 태도에 입각한 논쟁의 경험만이 일상

---

16 김현주, 앞의 글.

을 채우고 있는 혐오와 단절의 시대에 무지를 자각하는 것으로부터 소통을 시작하고자 노력하는 연찬 방식과 이 방식에 입각해 사회를 운영하자고 제안하는 야마기시즘은 여전히 유의미한 사회 기획의 위상을 갖는다. 연찬이라는 원리는 의식과 제도의 전환을 동시에 고려한 구체적인 사회 기획이었던 야마기시즘의 특성을 잘 보여주는 주제라고 할 수 있다.

3 야마기시즘이 제안하는 경제: 무소유, 공용, 공활

기후위기와 불평등의 시대에 있어 소유 문제

부동산 정책은 항상 말썽이다. '주택 공공성 강화'와 같은 의제들을 전면에 걸고 부동산 정책에 있어 기존 보수 정권과 차별성을 갖고자 했던 문재인 정부의 부동산 정책은 결국 큰 성과를 얻지 못했다. 부동산 정책은 발표할 때마다 논란의 중심에 섰고, 집값은 떨어지지 않았다. 어디 그뿐인가. 민주당 정부가 지닌 개혁 의지의 명분이 되어주었던 부동산 문제는 정작 민주당 정치인들의 표리부동을 드러내는 증거가 되어버렸다. 고위 공직자 청문회에서 후보자의 부동산 문제가 드러나는 경우가 빈번했다.

그런데 이 같은 현상은 예측 불가능한 것이 아니었다. 정치, 사회, 경제 모든 분야에서 안정적이고 낙관적인 전망이 존재하지 않는 시대가 도래했음이 확실해졌고, 부동산은 이 와중에 가장 확실한 개인의 자기 보호 수단이 되었다. 한국지방세연구원의 발표에 따르면 2018년 기준 부동산에서 발생하는 초과이득(임대소득+실현 자본이득-정상소득(부동산이 아니라 금융자산에 투자하는 경우 얻을 수 있는 소득))은 184.5조 원으로 GDP 대비 9.7% 수준이 된다. 이 정도면 부동산을 소유하는 것으로 얻을 수 있는 소득이 가장 예측 가능하고 긍정적인 투자인 셈이다.

부동산이 가장 확실한 투자의 대상이자 생존의 조건이 되었다는 것은 우리 시대의 강화된 불평등 문제를 드러내는 대표적인 장면이다. '사는(live) 곳이 아니라 사는(buy) 곳이 되어버린'이라는 주택에 대한 수사는 작금의 문제를 드러내는 흔한 비유가 되었다. 부동산을 소유한 이들의 소득이 되어버린 임대료는 누군가에게는 생존의 문제에 치명적인 주거비 지출이 되었다.

부동산 소유에 따라 만들어지는 이해관계는 우리 사회 정치를 구성하는 핵심 기반이 된 것 같다. 2018년 지방선거를 앞두고 《한겨레신문》과 한국정치학회가 실시한 한 설문조사에서 집을 소유한 이들과 그렇지 않은 이들 사이에 지방선거 관심도와 투표 의지는 모두 10% 이상 차이가 났다. 지방선거에 대한 관심과 투표 의지가 10% 이상 높은 쪽은 모두 자가 거주자, 즉 집을 소유한 이들이다. 정주성이 보장된 이들이 지역사회에 대한 관심이 더 높다는 해석도 가능하겠지만, 이러한 결과에 의해 자산으로서 기능하는 주택과 부동산의 교환가치 상승이 정치적 이해관계의 중요 변수라는 가설 역시 유력한 지위를 획득한다. 실제로 '집값', '땅값'이 떨어지지 않게 하는 것만큼 중요한 정치적 동기를 찾아보기 힘든 것이 사실이다. 도시사회학자 하비 몰로치(Harvey Molotch)는 도시정치를 성장 기계를 이끌며 지가상승을 통한 교환가치 상승을 추구하는 성장연합(Growth Coalition)과 사용가치를 추구하는 반성장연합(Anti-Growth Coalition) 간 투쟁의 장이라고 주장한다. 이러한 관점에 따르면 현재 이전의 도시개발 정책에 대해서 대안적 지위를 획득한 것으로 보이는 도시재생 사업 역시 이러한 도시정치적 긴장 안에서 해석이 가능하다. 또 이러한 관점에 힘입어 우리 사회 어디에서도 사용가치를 옹호하며 조직된 반성장연합이 도시정치의 긴장을 만들어 내는 사례를 현실적으로 찾기가 힘들어졌다.

　부동산 소유가 가장 안정적인 생존의 수단이 되고, 부동산 소유자의 교환가치 상승이 가장 강력한 정치적 이해관계로 작동할 때, 우리 사회의 '먹고 사는 문제'는 결정적이고 치명적인 왜곡을 경험하게 된다. 기후위기, 플라스틱 폐기물 문제, 미세먼지 문제와 같이 장기적인 관점에서(이제는 더 이상 장기적인 문제도 아니다.) 그 문제가 확인되고 해법 역시 모색할 수 있는 것들은 당장의 교환가치 상승을 중심으로 한 이해관계에 압도된다. 땅값, 집값 올리기 위해 개발은 필요한 것이 된다. 그것이야말로 먹고 사는 문제를 해결하는 최적의 해법으로 인정되었기 때문이다. 따라서 건설과 토건은 미세먼지 오염원과 온실가스를 배출하는 대표적인 산업이지만 어떤 정치적인 대안도 이같은 산업의 축소를 주장하지는 않게 된다. 게다가 기술적인 해법이 미래를 구원할 것이라는 막연하고 무책임한 기대를 자극하는 것이 정치의 기술이 되고, 이러한 기술적인 해법을 중심으로 새로운 시장이 형성되는 것이 경제적 돌파구가 된다. 그리고 당연히 부동산은 그 중심에 있다. 나는 이러한 맥락에서 우리 사회의 불평등 문제와 기후위기 문제를 연결하는 핵심적인 열쇳말로 이른바 '소유 문제'를 직시해야 한다고 주장한다. 부동산을 포함해 사적 소유를 중심으로 한 사회 제도와 정치 문화를 근본적으로 성찰하지 않으면 불평등과 기후위기라는 중대하고 치명적인 문제를 결코 해결할 수 없을 것이다.

돈이 필요없는 사이좋은 즐거운 마을

이러한 문제의식에 비추어볼 때, 야마기시즘이라는 사회 기획이 '무소유, 공용(共用), 공활(共活)'이라는 원리를 중심 이념으로 삼았다는 것은 중요한 의미를 가진다. 세계의 생태마을 실험 가운데 '무소유'를 이념이나 경제 체제로 삼는 곳은 거의 없다.[17] 나는 이 점이 야마기시즘 실현지에서 반세기 가까이 수행된 종합적인 사회 기획이 지닌 매우 독특한 위상이라고 생각한다.

야마기시즘 실현지를 방문하게 되면 처음으로 보게 되는 입간판에는 다음의 두 구절이 적혀 있다. "돈이 필요없는 사이좋은 즐거운 마을" 그리고 "나, 모두와 함께 번영한다"라는 문구이다. 특히 이 중 "돈이 필요없는 사이좋은 즐거운 마을"은 야마기시즘이 추구하는 '무소유, 공용, 공활'이라는 지향과 그 구현 방법을 적절히 설명한다.

'무소유, 공용, 공활'의 사회 원리는 실현지에서 몇 가지 원칙을 통해 구현된다. 첫째, '돈지갑 하나'의 일체 경영이다. 야마기시즘 실현지 안에서는 개인의 소유 재산이 없다. 실현지라는 단위에 돈지갑은 오직 하나가 있을 뿐이다. 둘째, 이러한

---

17 송명규 외, 앞의 글.

2000년대 초반 한국 실현지 학육부. 학육부는 마을의 아동과 청소년을 돌보는 이들이 속한 직장이며, 아동, 청소년의 생활 공간을 의미하기도 한다. 실현지의 아동, 청소년은 만 5세 이후 부모와 떨어져 생활한다. 일본의 경우 '야마기시즘 학원'이라는 형태로 유년부, 초등부, 중등부, 고등부, 대학부가 존재했고, 한국의 경우 학육부에서 같이 생활했다.

일체 경영의 원칙은 무급료, 무분배의 형태로 귀결된다. 실현지의 구성원에게는 노동에 대한 임금이 주어지지 않는다. 이쯤 되면 대체 실현지에서의 생활은 어떻게 가능할까 궁금해질 수 있다. 자기 재산도 없고, 임금도 존재하지 않는 상황에서 생존에 있어 가장 기본적인 조건이라 여겨지는 의식주의 문제는 어떻게 해결할까?

여기 실현지에 살고 있는 A가 있다. A는 야마기시즘 실현

필자(이태영)의 청소년기. 하우스 사이 풀을 베는 장면. 실현지에서는 '실학'이라고 하여 마을의 직장(생활부, 양계부, 채소부 등)에서의 일의 경험을 아동 청소년기의 중요한 배움으로 삼았다.

지에서의 생활을 설명하기 위해 설정한 가상의 인물이다. A는 야마기시즘의 이념에 동조해 실현지 생활을 하고자 자기 의지로 '참획'을 결정했다.(야마기시즘은 실현지에 들어와서 살고자 하는 행위를 참획(參劃)이라 지칭한다. 계획에 참여한다는 의미이다.) A는 자신의 전 재산을 야마기시즘 실현지에 내어놓는다. 재산의 크기 등 관련된 일체는 참획자인 A의 지위에 어떠한 영향도 주지 않는다. A는 1인 가구로서 전용 공간인 방을 하나 사용한다. 방에는 TV와 침구류, 책상 등 개인이 사용할 수 있는 물품들이 존재한다. A는 양계부에 배치된다. 양계부는 A의 직장이다. 그는 일과 시간을 양계부에서 보낸다. 식사 때가 되면 실현지의 공동식당인 애화관(愛和館)을 찾는다. 애화관에서 밥을 먹으며 돈을 계산한다거나 하는 일은 없다. 식사 준비는 식생활부가 담당하는데 식생활부 역시 실현지의 직장이다. 일과를 끝낸 A는 공동으로 사용하는 목욕탕에서 몸을 씻고, 빨랫감을 빨래함에 분리해서 넣는다. 실현지 구성원들의 빨래를 담당하는 직장은 의생활부다. 그리고 의생활실에는 개인별 옷가지가 정돈되어 있어 샤워 전후, 외출 전후, 사람들은 이 장소를 활용해 옷을 갈아입는다. 저녁을 먹은 A는 마을 로비를 찾는다. 로비에는 간단한 다과가 준비되어 있고, 신문이나 잡지 등이 비치되어 있다. 역시 비용을 따로 지급하는 일 없이 누구든 마음껏 사용할 수 있다.

야마기시즘 실현지에서의 생활을 아주 단순화해 그 일면을 설명하자면 이런 식이 될 것이다. A의 하루 생활 중 기본적으로 돈이 드는 일은 한순간도 존재하지 않는다. 때로는 개인적인 물품이 필요한 경우들이 있을텐데, 이러한 경우 해당 물품의 구매를 제안한다. 아무튼 실현지 안에서는 어떤 교환 행위도 일어나지 않는다. 이러한 삶의 형태이기 때문에 '무급료, 무분배'의 원칙 역시 실현 가능하다. 하지만 특별히 이 과정이 매

1990년대 중반 한국 실현지 야외식. 매년 봄 진달래가 필 무렵 마을 야외식을 열었다.

우 검소한 삶을 독려하지는 않는다. 오히려 '풍요로움'을 추구하는 것은 야마기시즘의 또 다른 특징 중 하나이다. 다만 그 풍요로움이 개인의 사적 소유가 극대화되는 방식으로 구현되는 것이 아니라는 점이 야마기시즘의 핵심적 지향이며, 실현지의 삶을 통해 이를 증명한다. 야마기시즘 한국 실현지 의생활실에 붙어 있는 "풀어놓는 삶, 살리는 풍성함"이라는 문구가 이러한 야마기시즘의 지향점을 적절히 설명한다.

'무소유, 공용, 공활'이라는 야마기시즘 사회의 원리를 수행하는 세 번째 원칙은 그 지향은 오로지 연찬 방식을 통해 규명되고 실현될 수 있다는 것이다. 야마기시즘에 있어 연찬은 지적 탐구 과정이자 소통 방식이다. 야마기시즘은 무소유 사회의 실현을 위해서는 부동산이나 현금, 현물과 같은 물질적인 대상뿐 아니라 지식, 정보와 같은 무형의 것들을 둘러싼 소유 관념을 해체하는 것이 중요하다고 여긴다. 연찬은 지적 탐구 과정으로서 소유를 둘러싼 관념을 해체하는 데 기여한다. 연찬을 통해 무소유 일체 사회를 구현한다는 야마기시즘의 접근은 사적 소유를 둘러싼 제도적 변혁을 우선시 한다거나 개인의 구도(求道)로서 '무소유'를 강조하는 종교적 실천과는 다른 경로이다. 어떤 의미에서 연찬은 이러한 제도와 의식의 혁명이라는 두 가지 경로를 연결하는 도구로서 활용된다. 이렇듯 일체 경영, 무급료·무분배, 연찬 생활이라는 방식을 통해 구현된 경제 형태는 따라서 공동 분배이거나 공동 소유가 아니라 '무소유'라는 지향을 통해서만 설명 가능하다.

야마기시즘 실현지의 구체적인 생활 방식은 시간이 지남에 따라 조금씩 변했다. A의 일상을 통해 설명한 실현지에서의 생활 양상이 현재 야마기시즘 실현지에서도 동일하게 존재하는 것은 아니다. 주거 형태도, 일체 경영의 형식도 조금씩 변화하고 있다. 이러한 변화의 근간에는 그간 야마기시즘 실현지의 경험 중에 형성된 비판과 성찰이 존재한다. 이러한 변화 과정 역시 야마기시즘의 실현을 기록하고 해석하는 차원에서 매우 중요하다. 그리고 동시에 최대 3,000명 규모가 모여 살았던 실현지가(일본의 도요사토 실현지는 세계 최대 규모의 공동체 경험으로 알려져 있다.) '무소유, 공용, 공활'의 원리를 앞서 언급한 원칙들을 통해 실제로 구현했던 경험은 우리 사회에 매우 소중한 자산이라고 할 수 있다. 특히, 기후위기와 불평등이라는 중대하고 치명적인 위협을 소유 문제를 중심으로 고민하고 풀어가는 것의 의미와 필요성을 인정한다면 '무소유, 공용, 공활'이라는 야마기시즘의 이념적 지향과 실현지의 경험을 해석하고 재구성하는 것은 매우 중요한 과제가 아닐 수 없다.

4 야마기시즘 사회의 농업과 야마기시즘 양계법

2021년 조류독감, 산안마을의 경험

> "오늘의 3만 7,000마리 닭들, 전국의 2,800만 마리, 이제껏 살
> 처분된 수억 마리의 가축동물에게 보내는 깊은 애도의 마음
> 을 앞으로 전개할 운동의 힘으로 바꾸어가도록 합시다."
>
> ── 2021년 2월 19일, 산안마을 입장문 중 발췌

2021년 2월 19일, 산안마을은 결국 방역 당국의 예방적 살
처분 명령을 받아들였다. 산안마을 반경 3킬로미터 이내 농가
에서 고병원성조류인플루엔자(HPAI)가 발생한 12월 23일로부
터 59일째 되는 날이었다. 예방적 살처분은 말 그대로 실제 감
염 여부와 상관 없이 감염병의 '예방' 차원에서 살아 있는 생
명을 죽이는 행위를 말한다. 산안마을은 이러한 예방적 살처
분을 잠재적인 위험을 명분으로 수행되는 과도한 행위로 규정
하고, 방역 당국의 예방적 살처분 명령에 저항했다. 지역의 시
민사회와 동물권 단체, 생협 등 예방적 살처분 정책의 폭력성
과 비과학성에 대해 꾸준히 문제제기하던 동료 시민들이 산안
마을의 싸움에 함께했다. 산안마을의 닭들은 60일 가까운 시간

동안 HPAI에 감염되지 않았다. 이 기간 동안 산안마을은 감염병 확산을 막겠다는 명분으로 무조건적인 예방적 살처분을 하지 않아도 될 이유를 몸소 증명해 냈다. 하지만 방역 당국은 끝끝내 보호 구역에서 예찰 구역으로 방역대를 하향조정하지 않았다. 그리하여 산안마을에는 120만 개의 유정란이 적체되었고, 경영적으로 더 이상 버틸 수 없는 현실과 부딪히게 되었다.

야마기시즘 농법과 야마기시즘 양계법에 대해

어느때보다 추웠던 2021년 산안마을이 버틴 60일은 예방적 살처분 문제를 포함해 가축동물 감염병 문제를 다루는 방역 시스템 전반과 이와 연결된 우리 사회의 여러 가지 위기들을 드러내는 데 기여했다. 이제 그러한 기여로부터 다음 논의를 만들어가는 데 있어 '야마기시즘 양계법'을 살펴보는 것은 중요한 단서를 제공할 것이라 생각한다. 산안마을을 '동물복지 농장'으로 정의하는 것이 틀린 것은 아니지만 그것만으로 설명하기엔 부족하다는 것 역시 틀림없는 사실이다. 야마기시즘 양계법은 야마기시즘이 지향하는 이상 사회의 척도로 짜여져 있다고 소개된다.[18] 야마기시즘의 제안자인 야마기시 미오조(山

---

18 야마기시즘 실현지 문화과, 앞의 책.

한국 실현지 야마기시즘 사회식 계사의 최근 풍경.

岸巳代藏, 1901-1961)는 본래 양계와 함께 소규모 농사를 짓던 농부였다. 그러다가 특정한 계기로 그의 농사법이 세상에 알려지면서 사람들이 양계법과 농사 기술을 배우기 위해 찾아오기 시작했고, 그의 철학이 단지 양계나 벼농사에 그치지 않는다는 것을 알게 된 사람들이 1953년 야마기시회와 야마기시식 양계보급회를 결성한다. 따라서 야마기시즘 양계법을 우선으로 야마기시즘을 검토하는 것은 꽤나 자연스러운 과정이다. 이러한 맥락, 즉 종합적 사회 기획으로서의 야마기시즘과 야마기시즘의 척도로서 설계된 야마기시즘 양계법에 대한 이해가 더해질 때 예방적 살처분 정책에 저항했던 산안마을의 시간과 이 시간이 만들어 낸 균열을 해석할 수 있는 관점이 보다 깊고 넓어질 수 있을 것이라 기대한다.

먼저 야마기시즘 농법에 대해 살펴보도록 하자. 야마기시즘 농법은 크게 네 가지 구성으로 설명할 수 있다. 첫 번째 '순환농법'이다. 순환농법의 원리에 따라 야마기시즘 실현지는 양계와 축산의 규모에 상응하는 농지 위에 사료 작물을 재배하고, 축산의 부산물은 양질의 유기질 비료로 전량 전환시켜 농토로 환원한다. 그리고 주변 지역의 농가들과도 각종 작물 등을 교환하고 교류함으로써 순환의 고리를 최대한 넓히는 것을 추구한다.[19] 두 번째 원리는 '기계화와 정밀, 과학 농업'이다. 앞서 잠시 언급한 바 있었는데, 야마기시즘은 '기계화할 수 있는 면은 될 수 있으면 기계화해서, 사람은 사람밖에 할 수 없는 일을 한다'는 기계론을 갖고 있다. 야마기시즘은 또한 기계화가 곧 기업 농업으로 연결되는 경향성을 부정하고, 기계화를 통해 자연 본래의 농업이 가능할 수 있다고 전망한다. 그리고 이러한 전망을 가능하게 하는 방법론으로서 '연찬 농업'을 제시한다. 야마기시즘에서 연찬은 의사결정 방식이자 생활 방식

---

19 송명규 외, 앞의 글.

이자, 그리고 무엇보다 사유 방식으로서 작동한다. 즉, 연찬 농업이란 단정하거나 고정하지 않고 과학적 태도로 검증해 가는 이른바 연찬 방식으로 수행하는 농업을 말한다. 세 번째 열쇳말은 '종합 유기적 일체 농업'이다. 야마기시즘의 농법은 흔히 회자되는 '유기농'의 연장선에서 해석할 수 있지만, 유기농 그 자체를 농법이 추구하는 목적이나 목표로 삼지 않는다. 야마기시즘 농법은 '개인 경영'이 아니라 '복합 경영'이라는 점에서 '유기적 농업'의 의미를 찾고 있는데, 이 같은 농법의 원리는 생활의 단위(예컨대, 한 실현지에서 사는 사람이 500-1,000명 규모일 때 입지 조건적으로 무리가 되지 않는 범위에서 다종류, 다품목을 재배한다는 식)와 밀접하게 연결될 때 비로소 진가를 발휘한다고 소개되고 있다. 이 같은 지점을 통해 야마기시즘 농법이 사회 기획 내에서 위치하고 있는 자리를 확인할 수 있다. 마지막 원리는 '일체 생활'이다. 야마기시즘 농법은 농업경영이 자가 생산에 기반하여 농촌 지역의 풍성한 생활을 가능하게 하는 역할에 관심을 갖는다. 이렇듯 야마기시즘 농법이 제시하는 원리들은 서로 다른 방향과 내용을 담고 있으나 각 원리들 간에도 순환되고 연결되는 구조를 강조한다. 특히 '연찬'이라고 호명되는 야마기시즘이 제안한 사유 방식이자 의사결정의 원칙은 다른 원리들의 근간이 되는 관점과 태도를 규정한다는 점에서 더욱 주목할 필요가 있어 보인다.

야마기시즘 양계법은 야마기시즘 농법의 일부이자 연장선에서 그 내용을 구축하고 있다. 현재 산안마을에서 볼 수 있는 야마기시식 계사(鷄舍)는 '야마기시즘 사회식 계사'라고 불리는 것이다. 야마기시즘 사회식 계사는 야마기시즘 농법의 원리로 제시되고 있는 것처럼 매우 정밀하게 구성되어 있다. 계사의 통풍과 채광은 매우 중요한 요소이며, 닭들의 생태를 관찰하고 반영해 닭들이 서로 싸우는 일 없이 드나들 수 있도록 설계된 산란 상자나, 어떤 모이를 줘도 닭들이 흘리지 않고 고루 먹을 수 있는 사료통의 구조 같은 것 역시 야마기시즘 사회식 계사의 특징이라고 할 수 있다. 그뿐 아니라 야마기시즘 사회식 계사는 일하는 사람 역시 계사의 구성 요소로서 인지하는데, 사료를 주러 들어가는 사람이 오른쪽과 왼쪽 팔을 번갈아가며 쓸 수 있도록 배치된 문의 배치가 이러한 고려의 단적인 예라고 할 수 있다.

무엇보다 야마기시즘 양계법은 닭들의 사회에서 개개의 개체가 자유로운 생활이 보장될 수 있는 조건에 대해 탐구하는 것을 기본 태도로 삼는다. 야마기시 미오조가 직접 적은 글에는 "병아리가 태어나서 닷새 정도부터 약 5.4미터 앞까지 일직선으로 날아갈 수 있는 넓은 장소에서 마음껏 운동하고, 모이는 다투지 않아도 원할 때 원하는 대로 얻을 수 있어 희희낙락하며 개개의 생활을 영위할 수 있도록 해갑니다."라는 문장이 있는데, 이러한 구상은 곧 야마기시즘이 제시하는 이상 사회의 단면이기도 한 것이다. 그래서 야마기시즘 양계법은 매뉴얼이라기보다는 야마기시즘식 표현을 빌리자면 '연찬'의 자료라고 보는 것이 적합하다. 야마기시즘 양계법은 '연찬' 없이 이해하고 체득할 수 없다고 하는 강조 역시 야마기시즘이 입각하고 있는 원칙과 관점을 고스란히 확인시켜 주는 요소라고 할 수 있다.

닭들이 경험한 팬데믹, 그리고 예방적 살처분

비록 매우 간소화된 분석이었지만, 야마기시즘 양계법에 대해 조금 살펴본 것만으로도 우리는 산안마을이 예방적 살처분을 거부하고 해당 정책에 대해 저항했던 2개월의 시간과 그 시간이 만들어 낸 어떤 균열에 대해 조금 더 확장된 고민을 이어갈 수 있다. 산안마을의 닭들은 야마기시즘 사회의 구성원으로서 존재했고, 예방적 살처분 정책은 닭들의 무고한 생명을 앗아간 것은 물론이고 야마기시즘 사회의 어떤 단면과 충돌한 것이다. 다소 거칠게 야마기시즘 양계법을 요약하자면, 닭들이 건강하고 행복하게 살아갈 수 있는 외부 환경과 내부 조건을 만들어주는 것이라고 할 수 있다. 그리고 사람 역시 닭들과 일체적 관계를 맺는 존재로서 양계법을 구성하며, 닭들이 건강하고 행복하게 살 수 있는 상태와 조건을 만들기 위해 계속해서 실험하고 검증하는 '연찬' 방식이 야마기시즘 양계법을 완성한다. 그렇다면 산안마을이 예방적 살처분에 저항한 60일의 시간과 그 기간 건강하게 생존했던 산안마을의 닭들은 적어도 닭들의 세계에 있어서 야마기시즘 사회가 갖고 있는 회복력과 감염병 위기에 대응하는 역량을 효과적으로 증명한 것이라고도 볼 수 있다.

이제 야마기시즘 양계법이 이상 사회의 척도라는 야마기시즘의 인식을 그대로 빌려 지난 2021년 겨울 산안마을이 마주한 예방적 살처분 국면을 살펴보도록 하자. 벌써 10년 넘게 이어지고 있는 가축 동물 감염병 확산이야말로 비인간 동물이 미리 경험하고 있는 팬데믹이라고 할 수 있다. AI 역시 마찬가지다. 닭들이 먼저 경험했고, 계속 이어지고 있는 팬데믹 상황인 것이다. 이 팬데믹 상황을 타개하려는 우리 사회의 선택은 무엇이었을까?

산안마을의 닭들이 조류인플루엔자에 감염되지 않고 60일 가까이 건강하게 생존했음에도 방역대를 하향조정하지 않은 것은 그야말로 '방역 기강' 같은 것을 신경써야만 하는 관료제의 한계를 고스란히 보여준 사례라고 할 수 있다. 그리고 이를 통해 '방역 기강' 같은 것이 생명을 앗아가는 명분이 될 수 있다는 것 역시 확인할 수 있었다. 이 과정에서 산안마을이 야마기시즘 양계법을 통해 구축한 방역 가능성은 전혀 중요하게 다뤄지지 않았다. 오로지 특정한 합리성에 의해 정의된 '위험'과 그 위험을 관리하는 유일한 방법으로서 '예방적 살처분'이 존재할 뿐이었다. 하지만 우리는 이 과정을 통해 그 특정한 합리성이 결코 '과학적'이지 않다는 사실 역시 확인할 수 있었다. 오히려 근대적으로 발명된 개념인 '위험'보다는 '불확실성' 그 자체에 중점을 두고 거버넌스를 구축해야 한다는 주장이 제기되는 것은 바로 이러한 경험들 때문일 것이다. 불확실성에 보다 주목하면 위험이 지닌 환원주의적 속성을 간파해 실질적인 문제해결을 모색할 수 있으며, 복수의 해결 가능성을 탐색의 대상으로 삼을 수 있다.[20]

야마기시즘 양계법이 입각하고 있는 연찬 농업이라는 것은 바로 불확실성의 관점에서 이해될 수 있다. 야마기시즘은 그 내용면에서 자주 과학적 태도를 강조하는데, 여기서 과학적 태도란 고정하거나 단정하지 않는 접근방식을 의미한다. 이는 불

---

20 조아라·강윤재, 「불확실성을 통해 본 위험거버넌스의 한계와 개선점—2010년 구제역 사태를 중심으로」, 《ECO》 18(1), 2014, 187-234쪽.

확실성 그 자체에 집중해 환원주의적 속성을 최대한 배제하며 다수의 해결책을 동시에 모색하는 태도와 일맥상통하는 부분이 있다. 불확실성에 입각한 해법은 회복력(resilience)에 주목할 수밖에 없다. 마찬가지로 야마기시즘 양계법은 개개의 닭들이 건강하고 행복한 조건을 고려함으로써 회복력을 지닌 닭과 그러한 닭들로 구성된 사회의 유기적 순환을 강조한다.

2020년대 인류가 마주한 코로나19 바이러스의 팬데믹 상황과 AI 확산 국면에서 작동했던 위험 거버넌스를 연결해서 생각해 보자. 동물들이 미리 경험한 팬데믹 상황에서 이에 대응하려는 인간들의 사회적 선택은 위험을 발명하고 정의한 위험 거버넌스였다. 불확실한 세계를 설명하는 데 충분하지 않아 보이는 어떤 과학들이 명분을 획득했고, 쉽게 생명을 박탈하는 풍토마저 조성되었지만 문제는 전혀 해결될 기미를 보이지 않고 있다. 불확실한 세계를 그대로 관찰하며 다수의 해법을 모색할 수 있는 과학적 태도는 강화된 관료제에 의해 기각되고 배제되었으며, 경제적 논리가 모든 것을 장악하는 경향성을 강화되었다. 야마기시즘 양계법 같은 대안적 시도는 그 가시적인 성과에도 불구하고 방역 기강이라는 명분에 짓눌렸다. 나는 AI를 포함해 동물 감염병 확산 국면에서 우리가 확인할 수 있었던 이러한 흐름이 2020년 팬데믹 이후 우리 사회가 선택할 수 있는 하나의 시나리오일 수 있다고 생각한다. 단지 하나의 시나리오일 뿐 아니라 가장 강력한 가능성을 지닌 경로일 수 있다고 우려하는 편이다. 야마기시즘 양계법이 이상 사회의 척도라면, 야마기시즘 양계법이 경험한 팬데믹의 위기 또한 우리 사회가 경험할 유력한 미래일 수 있다. 야마기시즘에 대한 검토가 현재 우리에게 주는 중요한 시사점인 셈이다. 단적으로 이런 질문을 만들 수 있다. 우리는 팬데믹과 기후위기처럼 복잡하게 연결된 불확실한 위기의 대응을 관료제에 맡길 수 있겠는가?

물론, 야마기시즘이 완전하지 않은 이념인 것처럼, 야마기시즘 실현지가 완벽한 마을이 아니었던 것처럼, 야마기시즘 양계법 역시 지속적으로 검토되고 수정되어야 할 대상이라 할 수 있을 것이다. 그것이 바로 연찬 농업의 핵심이기도 하다. 하지만 이 연찬에 기반한 농법이라고 하는 것이 당연하게도 말처럼 쉬운 것은 아니다. 단적으로 고도로 정밀하게 구상되고 실현된 야마기시즘 양계법은 어떤 면에서는 수정이 불가능할 정도로 완벽한 매뉴얼처럼 인식되는 것이 현실이다. 야마기시즘 양계법에서는 이를 법양계(法養鷄)라고 부르는데, 법칙에 따라 하면 어디서든 누구나가 어려움 없이 즐겁게 할 수 있다는 의미다. 정밀하게 기획된 구상이 갖는 매뉴얼적인 특성과 연찬 방식이라는 태도 간의 긴장은 야마기시즘 양계법과 야마기시즘 그 자체가 풀어야 할 중요한 과제라고 할 수 있다.

5 야마기시즘 실현지의 경험을 정리하며

'야마기시즘'이 주목받았던 이유

야마기시즘 실현지는 '무소유, 공용, 공활'이라는 다소 비현실적으로 느껴지는 사회 원리를 일상으로 구현했다. 그리고 이렇게 구현된 일상은 사회적인 호기심을 불러일으켰다. 야마기시즘 실현지의 지향과 실천의 양상이 사회적으로 주목받을 수 있었던 몇 가지 이유가 있다.

첫째, 실현지가 이른바 '흑자 경영'을 하고 있는 공동체적 실험이었다는 점이다. 실현지를 이해하는 대표적인 방법으로는 실현지 공간을 생태공동체로 받아들이는 것이 있다. (물론 몇 차례 강조했듯이, 야마기시즘은 내용적으로 공동체가 아니라 일체(一體)라는 지향을 강조하고, 세간의 생태주의에 관한 이해와는 다르게 기계와 과학기술의 적극적인 활용을 전제한다는 점에서 야마기시즘을 '생태공동체'로 이해하는 것은 적절치 않다.) 그리고 이러한 이해(일종의 오해)에 따르면 생태공동체인 야마기시즘 실현지가 흑자 경영을 지속하고, 생활 면에서도 물질적으로 풍요로운 조건을 유지하고 있다는 점은 다방면에서 주목받는 조건으로 충분했다. 조금 다른 맥락에서 국가사회주의 실험의 몰락을 목도했던 이들에게도 사적 소유와 임금 제도가 존재하지 않는 야마기시즘 실현지의 일단의 팽창은 흥미로운 분석 대상이었다.

이른바 '고르게 가난한 상태'는 야마기시즘의 지향이 결코 아니었다. 야마기시회(會)는 회(會)의 취지를 "풍부한 물자와 건강과 친애(親愛)의 정으로 가득 찬, 안정되고 쾌적한 사회를 인류에 가져오도록 한다."라고 설명한다. 또한 야마기시즘의 제안자인 야마기시 미요조는 자신의 생각을 정리한 글에서 "나는 높은 것을 탈취하거나, 부수어 끌어내려 고르게 하거나, 신장(伸長)하는 자를 억제하거나 하지 않고, 또 납득도 시키지 않고 폭력을 행사해서 희생자를 내거나 하고 싶지 않은 것입니다. 나는 낮은 자를 끌어올리는 수단을 채택하여, 가지지 않은 사람이 가지도록 합니다. 이것이라면 가지고 있는 사람에게 의뢰하지 않아도, 탈취하지 않아도, 승낙도, 희생도, 반대도, 저항도 없이 해결하고, 한 사람 남김없이 모두 풍부하게 되겠지요. 가진 사람을 울리지 않고, 빈핍인(貧乏人)을 기쁘게 합니다."라고 표현하고 있다.

야마기시즘의 이러한 관점은 지속적인 성장이 가능할 것

1990년대, 한국 실현지에서 개최한 '거저의 축제'. 야마기시즘 실현지는 무소유 일체사회의 일상과 원리를 매년 5월 축제의 형태로 공개했다. 1990년대 초반 '거저의 축제'로 시작된 축제는 이후 '야마기시즘 사회 축제'라는 이름을 그 명칭을 바꿔 규모를 키웠다. 야마기시즘 특강을 받은 행복회 야마기시회의 회원들과 일반 시민들이 참여했다. 2000년대 초반 중단되었던 야마기시즘 사회 축제는 이후 '초록축제'라는 이름으로 경기 화성의 지역 축제로 그 의미를 이어가고 있다.

이라 기대할 수 있었던 20세기적인 상상력의 결과라는 지적이 있을 수 있다. 적절한 비판이라고 생각한다. 그러나 야마기시즘이 '풍부한 물자'와 '쾌적한 사회'라는 것을 강조하고, 평등한 상태를 이루려는 시도가 '낮은 자를 끌어올리는 수단을 채택한다'고 표명한 점은 여전히 우리에게 중요한 질문을 던진다. 야마기시즘은 '풍부한 물자'의 중요성을 부정하지 않으면서도, 물자가 어떻게 순환하게 할 것인지 적극적으로 고민함으로써 결과적으로는 '성장이 아니어도 풍요로울 수 있다'는 명제를 증명했다. 공용(共用), 공활(共活)이 바로 이러한 맥락에서 채택된 사회 운영의 원리라고 할 수 있다. 공동으로 소유(이른바 공유)하는 것이 아니라, 공용, 공활이라는 원리에 입각한 '무소유 사회'라는 지향은 야마기시즘 사회 운영 원리를 구성하는 중요한 전제가 된다.

야마기시즘 실현지가 주목받았던 두 번째 요소는 야마기시즘이 '종교'가 아니었다는 것이다. 무소유라는 사회 원리가 작동할 수 있었던 것은 개인의 사유가 소유 관념에 질문을 던지는 방식으로 조직되었기 때문인데, 이러한 사유의 조직이 '종교적'이지 않은 형식으로 진행되었다는 점은 주목할 만한 부분이다. 나는 '연찬'이라고 하는 사유 방식이자 소통 구조가 '무소유 일체 사회'라는 지향을 실천으로 전개해 감에 있어 핵심적인 역할을 했다고 생각한다. '종교적'인 것이 어떤 것을 의미하는지는 토론의 여지가 있지만, '절대자'가 존재하거나, 이성을 불신하거나, 내세주의가 있다거나 하는 종교적 특성이 야마기시즘에서는 전혀 발견되지 않는다. 그럼에도 야마기시즘이 종교 사상으로, 야마기시즘 실현지가 종교적인 실험으로 의심받는 것은 야마기시즘이 제안하는 삶의 방식, 즉 이즘 생활

(연찬 생활)이 '수행'의 과정으로 읽히는 부분이 있기 때문이다. 이러한 의심이 발생하는 양상에 대해서는 질문으로 남겨두도록 한다.

야마기시즘 실험의 경험과 공동체적인 대안

2008학년도 서울대학교 수시입학을 위한 논술고사에 '야마기시즘'이 등장했다. 해당 논술고사 문제는 애덤 스미스의 『국부론』의 일부 구절(제시문 가)을 제시했고, 또 다른 제시문(제시문 나)에는 네 가지 사회의 경제 체제와 관련된 글을 실어 '제시문 가'에서 이야기하는 경제 체제의 요소와 '제시문 나'에 등장하는 네 가지 경제 체제의 특징을 연결하여 분석하고 '제시문 나'의 경제적 특성의 일부 또는 선택적 조합을 통해 '제시문 가'의 경제 체제를 대체하거나 보완할 수 있는지 질문했다. '제시문 나'의 네 가지 사례는 각각 '사회주의 경제의 자원 분배 효율성 논쟁', '미크로네시아 야프 섬의 돌바퀴 화폐 사례', '서양 중세 봉건사회의 장원 경제', '시장, 화폐, 가격이 존재하지 않는 야마기시즘 사례'였다. 비록 대입 논술 문제이긴 하지만 야마기시즘의 지향과 실천 경험이 자본주의 시장경제 체제를 대체하거나 그 문제를 보완하는 경제적 원리로서 지목된 것이다.

과연 야마기시즘의 구상은 자본주의 시장경제의 대체 원리로서, 혹은 보완하는 기획으로서 작동할 수 있는 것일까? 나는 이러한 질문에 답하기 위해서는 거꾸로 야마기시즘의 실천적 전개와 실현지라는 구체적 실험이 어떤 한계에 부딪혔는지 확인할 필요가 있다고 생각한다. 즉, 종합적인 사회 기획으로서 야마기시즘을 전개해 감에 있어 발생한 쟁점을 정확히 발굴해 낼 필요가 있다. 현재 시점에서 야마기시즘은 이즘으로서의 확대 가능성을 거의 상실했다고 보여진다. 그렇다면, 무엇이 야마기시즘 실현지가 확대되는 양상을 중지시켰고, 이즘의 갱신을 중단시켰을까? 이 질문에 대한 답을 찾아가는 것이 야마기시즘의 경험을 보편적으로 확대하고, 사회적으로 활용하는 가장 좋은 경로가 될 것이다.

 첫 번째 질문은 (앞서 남겨둔 질문이기도 한데) 야마기시즘은 어떻게 종교가 아닐 수 있는가 하는 것이다. 우리는 이 질문을 통해 '종교적인 것'의 정의에 대해서 다시 한번 생각해 볼 수 있다. 그리고 만약 야마기시즘의 어떤 요소가 종교적인 것으로 지목될 수 있는 것이라면, 이를 통해 사회 내에서 종교적인 요소의 기능에 대해서도 깊게 생각해 볼 수 있을 것이다. 추측건대, 의식 혁명을 통해 이상 사회를 실현하고자 한 부분이 이른바 '종교적'인 것으로 읽히는 것 같다. 그렇다면 과연 의식의 변혁 없이 사회 변화가 가능할 것인가 반문해 볼 수 있다. 그리고 우리는 야마기시즘에 관한 탐구와 야마기시즘 실천에 대한 추적을 통해 '종교적'인 것의 의미와 역할을 재구성해야 할 이유를 찾을 수 있다.

또 다른 질문은 이렇다. 야마기시즘은 '국가'를 어떻게 이해하고 있는가? 야마기시즘은 다소 아나키즘적인 주장을 담고 있는 것으로 읽힌다. 야마기시즘 사회는 법이나 제도, 관습 등 일체의 구속으로부터 자유로운 사회이다. 하지만 이러한 사회가 '원시적 무정부, 무규범 사회'가 아니라는 점 역시 강조한다. 야마기시즘 사회가 지향하는 제도란 "사람이 자유롭게 안전하게 다닐 수 있는 대도를 만들어 (……) 타인에게 폐를 끼치지 않고 각자의 자유의지와 능력에 따라 행동할 수 있는 장치"에 가깝다.[21] 따라서 야마기시즘이라는 구상에서 국가는 크게 중요하지 않거나 없어져야 하는 부자연스러운 기구이다. 하지만 야마기시즘이 실천으로 전개되어 가는 현실의 과정에서 국가란 항상 중요한 행위자였다. 특히, 긍정적인 협력 관계에 있을 때보다는 국가 단위의 규범과 야마기시즘 사회의 규범이 충돌하는 장면에서 중요한 행위자로 관계를 맺었다. 조류독감

---

21 야마기시즘 실현지 문화과, 앞의 글.

국면에서 야마기시즘 실현지가 겪은 사례들이 대표적이며, 부동산 소유 문제, 구성원 교육 문제, 참획 과정에서 발생하는 재산 이전 문제 등 다양한 방면에서 국가의 규범은 야마기시즘 실현지에 치명적인 영향을 미쳤다.

또한, 야마기시즘이라는 기획을 사회 변화를 추동하는 일종의 틈새(Niche) 전략으로 볼 것인지, 혹은 전면적이고 완결적인 혁명 운동으로 볼 것인지 역시 중요한 쟁점이지만 내부적으로 정리되지는 않은 듯 보인다. 야마기시즘이라는 기획의 수행이 사회 변화의 틈새 전략으로 위치한다면, 이러한 경험이 어떻게 다시 국가를 경유해 피드백되고 확장될 것인지도 중요한 물음이 된다. 그리고 야마기시즘에 대해 내용적으로는 종합적이지만, 이행 전략 면에서는 틈새 전략으로 해석할 수 있는 이중적인 접근이 가능하다면, 사회주의는 물론이고, 보편적 기본소득(Universal Basic Income), 보편적 사회 서비스(Universal Basic Services)와 같은 최신의 주장들과도 연결될 계기를 마련할 수 있다.

그리고 마지막 질문. 야마기시즘 실현지의 경험은 이른바 '공동체적인 대안'을 채택하는 이들이 정치를 어떻게 이해하고 다뤄야 하는지에 대한 고민을 남긴다. 다른 의견을 조율하고, 공동의 규칙을 형성하고, 자원을 분배하는 과정에서 작동하는 권위를 어떻게 형성할 것인가 하는 질문을 우리는 넓은 의미에서 '정치'라고 부른다. 야마기시즘 실현지는 적게는 수십 명, 많게는 2,000명 단위의 공동 생활 공간을 운영하는 과정에서 '연찬'이라는 의사소통 방식을 채택했으며, 대표가 없는 구조를 공식화했다. 대리인도, 선거도, 다수결도 존재하지 않는 야마기시즘 사회에서(적어도 장소적으로 구현된 야마기시즘 실현지에서) 정치적 권위가 만들어지는 유일한 경로는 바로 '연찬'이다.

그렇다면 '연찬'이라는 소통 방식은 유효한 정치적 권위를 형성했는가? 권위나 권력의 존재 자체를 배제함으로써 역설적으로 보이지 않는 권력을 작동케 한 것은 아닌가? 나는 공동체 운동이 낭만화되는 지름길에 바로 '정치'의 부정과 정치적 권위를 건강하게 만들고자 하는 여러 가지 시도들에 대한 빠른 기각이 존재한다고 생각한다. 야마기시즘 실험 역시 그러했다.

3장

◆

도시와 마을공동체

1 L과 K가 사는 도시

L과 K의 선택에 대해

L은 서울시 양천구 목동에서 거주하고 있다. 9호선 염창역에서 도보로 10분 거리에 위치한 오래된 빌라에 산다. 지난 4월부터 여기에 거주하기 시작했다. K와 함께 살기로 결심하면서 둘의 동선과 경제적 조건을 최대한 고려한 장소를 선택했다. L은 서대문구 신촌을 중심으로 지역 활동을 하는 사람이기 때문에 이런 직종의 특성을 K가 인정하고 배려해 줘서 서대문구에 거주지를 찾는 노력을 하기도 했었다. 하지만 K의 일상을

고려할 때 최소한 2호선 역 인근에는 주거지를 잡아야 했다. 이런저런 조건을 고려하며 두 사람의 경제적 조건에 적절하고 두 사람이 인정할 수 있는 존엄을 유지할 수 있는 주거지는 결국 찾지 못했다. 그래서 찾은 곳이 바로 염창역 인근이다. 삼성 동으로 출퇴근하는 직장인 K의 동선과 신촌에 활동의 근거지가 있는 L의 동선에 무리가 없고, 경제적 조건에도 무리가 없는 장소로서 염창역 생활권을 선택했다. 또 한 가지, L과 K가 거주할 장소를 선택할 때 고려했던 요소는 주변의 작은 산이나 숲의 존재였다. 현재 두 사람의 집은 염창역까지 도보 10분, 용왕산 초입까지는 도보 5분 거리에 위치한다. 게다가 저층 주거지 동네여서 4층 건물의 4층에 위치한 두 사람의 집은 햇빛이 정말 잘 드는 집이라는 점도 현재 주거지의 만족스러움을 더한다.

K의 일상

K는 삼성동에 위치한 직장에 다니는 4년차 직장인 여성이다. 경기 북부가 고향인 K는 지금의 회사에 취직한 뒤 1년 가까이는 본가에서 1호선과 7호선을 환승해 가며 출퇴근했었는데 이 같은 생활이 너무 힘들어 9호선이 지나는 장소를 중심으로 거주지를 찾다가 비슷한 조건의 친구와 함께 2년 가까이 선유도역 근처에서 생활한 경험이 있다. 오래 연애를 했던 L과

함께 살기로 결심한 뒤, 현재의 거주지로 이주했고, 비슷한 시기 K의 직장 동료 중 한 명도 선유도역 근처에서 등촌역으로 이주했던 신기한 경험이 있다.

아는 사람은 다 안다는 9호선 급행열차의 비인간적인 출퇴근 환경은 K의 일상에도 많은 영향을 미친다. 서울의 서쪽과 강남을 연결하는 9호선은 처음부터 그 수요에 비해 턱없이 부족한 차량 배차로 많은 논란을 야기했었다. 출근을 하면 이미 진이 빠진다. 염창역에서 9호선 급행을 타는 수많은 서울시민들과 어떤 동질감을 형성하는 것으로 이 시간들을 버티고 있긴 하지만, 서로에게 기분 나쁜 기억밖에 없기 때문에 우애로 그 관계가 이어지기란 상상하기 어렵다. 최근에는 과한 신체 접촉에 분노한 두 사람이 그 혼잡한 지하철 안에서 주먹다짐을 하는 광경까지 목격한 K는 이 생활을 언제까지 이어갈 수 있을까 고민이 깊어진다.

일하는 시간 외의 시간에는 여러 가지 사회적 활동을 해보고 싶은 욕심도 있고, 독서나 우크렐레같이 취미 생활을 해보고 싶어 시도했던 적도 있었는데 쉽지 않다. 직장을 벗어난 시간에 K는 잘 쉬고 싶다. 그래야 일하는 시간을 버틸 수 있기 때문이다.

L의 일상

L은 대안교육과 지역운동, 녹색정치를 내용으로 일하는 전업 활동가이다. 신촌을 근거지로 본격적으로 활동한 것은 4년 차이고, 느슨한 형태로 현재 활동하는 근거지와 관계를 맺어온 것은 13년 정도 되었다. 신촌에 활동의 근거지를 갖고 있고, 시민사회의 네트워크도 주로 서대문구를 중심으로 만들어졌지만 정작 이 시간 동안 행정구역상 서대문구에 거주한 것은 4년 남짓이다. 하지만 이 기간도 거주지가 서대문구 북아현동이었다는 것뿐, 정작 활동은 언제나 신촌을 중심으로, 구체적으로는 신촌의 한구석에 위치한 작은 마을카페를 거점으로 하는 활동들을 진행했었다. 그러니 양천구 목동에 사는 지금과 서대문구 북아현동에 살던 그때의 일상이 크게 다르지 않다. 아침에 직장이자 활동의 근거지인 마을카페로 나와 거기서 주로 관계를 맺고, 활동을 만들어 간다. 최근에는 마을카페 바로 옆에 들어서는 인근 대학의 교직원 어린이집 건축 문제와 관련해서 주민들과 대학 간 의견을 조율하는 일도 맡아서 진행하고 있다. 거주지가 양천구로 옮겨졌지만 여전히 L은 신촌의 경관의 변화에 관심이 많고, 직접적인 이해관계를 갖고 움직이는 셈이다. L은 자신에게 중요한 몇 개의 장소와 그 장소들을 잇는 동선 속에 살아가고 있고, 그중 관계를 맺고 확장해 갈 장소로서

신촌을 선택했다.

물론 목동에 위치한 주거지도 L에게는 매우 중요하다. L은 이 집에 햇빛이 더이상 들어오지 않는다거나 소중하게 생각한 용왕산에 변화가 생긴다면 일상이 흔들릴 것이다. 다행히 아직 그럴 염려는 없다. 오히려 가장 큰 걱정거리는 이 집 역시 2년 계약이라는 것과 이 집의 실제 소유자는 이 집에 '거주'하는 것에는 전혀 관심이 없는 사람이라는 점이다.

더 나은 일상, 지속가능한 삶으로의 초대

대학을 다니기 위해 서울에 진입했다가 직장 생활 역시 서울에서 시작한 A, 아파트 지하주차장에서 차를 몰고 나와 도심을 가로질러 직장의 지하주차장으로 들어가는 B, 2년에 한번씩 집을 옮기는 것에 지쳐 서울과 광역교통망으로 연결된 조금 더 안정적인 경기도의 주거지로 이주를 고민하고 있는 C도 서울을 살아가고 있다.

나는 우리가 '공동체'를 이야기하는 것이 실체가 없는 어떤 가상의 공간을 이야기하는 우를 범하지 않으려면, 우리의 일상이 근거하는 여러 가지 사회적 조건들을 살펴보고, 그 일상에서부터 이야기를 시작하지 않으면 안 된다고 생각한다. 1인 가구의 비율이 30퍼센트를 웃돌고, 세입자 기준 한 장소에 머무르는 평균 기간이 3년 남짓인 현실과 '마을'이나 '공동체'가 분리되는 순간, '마을'은 누군가에게는 유토피아적 공간이겠지만, 누군가에는 자신의 일상을 배제한 허구의 개념일 뿐이다. L에게, K에게, 그리고 A와 B와 C에게 '공동체'는 무엇일까?

A에게도 B에게도 C에게도, L과 K에게도 마을은 필요하다. 혼자 있고 싶지만, 외롭다는 감각이야말로 도시를 구성하는 중요한 요소일 수 있다. 옆집 숟가락 개수를 알 정도의 마을을 부담스러워하며 적절한 익명성이 주는 자유로움 때문에 이 도시를 선택한 이들에게도 서로의 삶을 돌볼 수 있는 관계, 그 관계가 만들어지는 애정의 장소는 필요하다. 그 마을이 거주지 중심의 행정동으로 구획되는 그런 것이 아닐지라도, 자신들의 일상을 지탱해 줄 관계망은 이들에게도 절실하다. 그 관계망은 동선 위의 어느 점에서 만들어질 수도 있고, 자주 가는 단골 가게에서 만들어질 수도 있으며, 직장 근처에서, 그리고 물론 잠을 자는 거주지를 중심으로 만들어질 수도 있다. 그것의 형태는 밥을 먹는 모임일 수도 있고, 책을 읽는 모임일 수도 있고, 취미 생활을 공유하는 동호회일 수도 있다.

'마을'은 '마을'을 위해서 존재하는 것이 아니라, 더 나은 일상과 지속가능한 삶을 위해 존재했으면 좋겠다. 서울의 마을공동체와 관련된 정책과 사업이 도시를 살아가는 N명의 시민들의 N개의 일상을 전부 지원할 수는 없겠지만, 적어도 이 도시의 일상의 장면들을 근거해서 논의를 전개하면 좋겠다. 그래야만 우리 도시의 여러 가지 조건들을 충분히 성찰하며, 예컨대 주거지와 일터가 조금 더 가까워질 수 있는 미래, 노동시간이 줄어드는 미래, 1인 가구에게도 안전한 미래를 앞당기기 위한 사회적 토론들을 만들어 낼 수 있을 것이고, 그런 토론들이 더 많아질 때, 마을도 우리 모두의 일상도 지속가능해지지 않겠는가.

2 제도화된 공동체가 마주한 몇 가지 질문

사업이 된 공동체

언제부터였을까, 공동체는 제도의 혁신을 상징하는 단어가 되어버렸다. 민간 영역뿐 아니라 제도의 틀 안에서도 공동체를 강조하는 것이야말로 더 나은 미래로 가는 지름길처럼 여겨졌다. 그것은 '국민의 정부'와 '참여정부'를 거치며 시민운동이 중앙정부에 요구했던 내용들이 수용되기 시작하여 풀뿌리운동이 주목받은 맥락[22]과 유사한 흐름이었을 수도 있다. 혹은 성

---

22 이호, 『풀뿌리운동, 새로운 복원: 근본적인 사회 변화를 이루는 힘, 풀뿌리운동 이야기』 (포도밭출판사, 2017), 22쪽.

미산 마을과 같은 사례들이 언론으로부터 주목받았기 때문일 수도 있다. 산업화와 민주화 이후 나아질 것만 같았던 삶은 더욱 불안해지고 불평등은 날로 심해지는 과정에서 모색하게 된 대안으로서 당연한 귀결일 수도 있다. 아마 이 모든 조건들이 적절히 영향을 주고받은 결과일 가능성이 크다.

그래서 우리는 이제 행정 어디서나 '공동체'를 만나게 되었다. 폭력적인 도시개발의 대안으로 주목했던 도시재생도 주민 공동체 기반의 접근을 중요시한다. 마을공동체 지원사업은 말할 것도 없이 '공동체'를 만드는 보조금 사업이다. 기후변화에 대응하기 위한 공동체 만들기 사업인 에너지자립마을뿐 아니라, 빗물 재사용 마을, 정원 가꾸기 마을 등 '○○ 마을'이라고 이름 붙인 사업은 동사무소 어디를 가나 만날 수 있는 것이 되었다.

나도 여러 가지 '공동체'를 만드는 사업에 참여해 보았다. 에너지자립마을 사업도 해봤고, 도시재생주민협의체에도 속해 보았다. '서울 속 마을여행'이라는 사업의 사업단장 역할도 해보았고, 소규모 마을공동체 지원사업으로부터 여러 차례 보조금 사업도 집행해 보았다. 이제부터 적는 질문은 바로 이러한 경험들에서 만들어진 것이다.

누가 주민인가?

"여러분은 아직 주민이 아니에요."

서울에서 마을공동체 사업이 한창 진행되던 2010년대 중반, 한 대학 강의실에 방문한 기초자치단체장이 서울의 '마을공동체'에 대한 강의 중에 꺼낸 이야기이다. 저 문장을 접한 순간, 우리가 '마을'에 대해 더 치열하게 이야기를 해야 하는 것일까, 아니면 다른 언어가 필요한 순간이 온 것인가 잠시 고민했다. 각 지자체는 앞 다투어 마을공동체 사업의 N번째 기본계획을 만들어 가고 있다. 공동체를 지원하는 중간 지원 조직도 많아졌다.

가장 앞서 공동체 운동을 제도화했던 서울시가 세운 마을공동체 기본계획(2014. 9)은 다음 다섯 가지를 목표로 언급하고 있다.

1. 주민이 주도하는 마을 계획 수립
2. 공동체 사업을 이끌어갈 마을 활동가 양성
3. 10분 거리에 주민 커뮤니티 공간 구축
4. 주민이 주도하는 커뮤니티 활동 지원
5. 마을 경제 활성화 지원

대부분의 주민들이 직접 도시계획에 참여하는 '마을계획'과 마을지향 행정시스템의 한 축에서 고민되고 실행되는 '동복지허브', 그리고 '마을경제' 활성화에 대한 의지가 눈에 띈다. 그런데 이와 같은 과제와 전략에 있어 가장 중요한 쟁점은 결국 어떤 주체를 우리가 공동체의 '주민'으로 호명하고, 역량강화의 프로그램을 운영할 것인가 하는 부분이다. 그동안 도시의 주민으로 초대받지 못했던 비정주, 비소유 주민은 어떻게 조직할 수 있을 것인가 하는 질문이 등장하는 순간이다.

지역사회를 살아가는 사람들, 마을의 구성원들은 어떤 삶을 살아가고 있는지 살펴보자. 특히, 서울과 같은 대도시의 일상은 특수하다. 인구의 절반 이상이 다른 사람의 집을 빌려 살아가고 있고, 2년에 한 번씩 계속 살아야 하는지(살 수 있는지) 물어야 한다. 4년에 한 번씩 지방자치단체장과 지방의원을 선출하는 선거를 치르지만, 4년 뒤 자신이 어디에 살고 있을지 확신할 수 없다. 노동시장은 불안정하고, 그 불안정의 파급효과는 자영업의 위기로 확대되기도 한다. 서울의 경우 핵발전소는 하나도 없지만, 이 좁은 땅덩어리에서 핵발전소의 위협으로부터 자유롭지도 않다. 하지만 자유롭다고 착각하기 쉬운 위치에 있다. 하물며, 핵발전소의 신규 건설에 가장 밀접한 영향을 주는 사람들이 살아가고 있다. 이런 일상을 영위하는 사람들에게 '지역'은 어떤 의미일까? 정주하지 못하고, 소유하지 못하는 사람들은 '지역 이슈'를 구체적으로 체감하기란 힘들다. 어떤 이슈는 대단히 지역적이지만 하나도 일상적이지 않을 수 있고, 또 어떤 이슈는 한국적 혹은 지구적 맥락에서 발생하지만 지극히 일상적일 수 있기 때문이다. 그리고 지역과 일상의 변주 아래 공동체가 있다.

나는 2010년대 서울에서도 청년 인구가 유달리 많은 서대문구 신촌동을 기반으로 이런저런 활동을 했었다. 이 시기 "누가 주민인가" 하는 질문과 연결된 기억이 하나 소개하고 싶다. 바로 에너지자립마을 사업에 참여한 기억이다.

전형적인 마을의 범주 바깥에서 마을을 고민하고, 특히 1인 가구와 세입자, 20-30대 비율이 다른 지역에 비해 현격히 높으며 유동인구가 정주인구보다 많은 지역적 특성을 반영한 공동체 사업을 해보겠다는 목표는 보조금 사업을 신청할 때 우리가 주로 쓰던 레퍼토리다. 진짜로 그러고 싶었던 것이니까 기술적인 거짓말 같은 것은 분명 아니었다. 이를테면 '원룸에 빌트인(built-in)으로 들어간 냉난방 기기의 에너지 효율은 왜 좋지 않은가', '잠만 자는 방(원룸) 말고, 20-30대 시민들이 도시에서 사용하는 다른 공간에서 에너지 시민으로서 참여의 경험을 만든다는 것은 어떻게 가능한가?'와 같은 질문을 소화해 보고 싶었다. 하지만 사업을 통해 우리가 만나는 주민들은 결국 원룸과 하숙을 운영하는 주민들이었다. 이들은 정주성이 높으며 부동산을 소유했다. 사업의 결과로 보고되기 좋은 성과는 원룸과 하숙집 지붕에 3킬로와트 태양광 패널을 설치했다는 것이었다. 왜 에너지자립마을 같은 기후변화나 탈핵 이슈에 연관된 지역 활동은 정주성이 강한 거주민 중심으로 이뤄지는가 하는 질문을 던졌고, 1인 가구로 살아가는 유동적인 세입자들, 도시의 보행자들이 관심을 가질 공동체적 프로그램은 없을까 찾고자 했지만, 결국 방법을 찾지 못했다. 애초에 명확한 정량적 성과를 중심으로 계획되고 평가되는 보조금 사업으로는 실행할 수 없었던 목표였을지도 모르겠다.

정주하지 못하고, 소유하지 못하는 사람들은 '주민'으로 초대되기 어렵다. 직접적인 경제적 이해관계가 잘 보이지 않기 때문이다. 그렇다면, 이들에게 '경제적 이해관계' 속으로 진입할 권리, 즉 정주와 소유가 가능한 조건을 만들어 내는 것이 필요한 것인지, 아니면 그 이해관계에 진입하지 않아도 지역의 정치적 시민권을 획득할 수 있는 장치와 구조, 구체적인 프로그램을 기획하는 것이 중요한지, 이것이 우리에게 주어진 중요한 주제라고 생각한다. 물론, 그 둘은 선택적인 관계가 아닐 수도 있다. 하지만 어떤 경우라도 후자의 기획이 존재하지 않을 때, 지역이란 늘 한정적이고, 그 한계는 곧 문제의 본질과 연결될 가능성을 차단한다. 지역과 마을의 이슈는 협소해지고, 어떤 이들의 삶은 지역의 정치와 마을정책으로부터 철저히 소외되며, 이 같은 현상은 우리 삶과 분리되지 않는 전 지구적 위기 상황에 대응할 수 있는 토론이 만들어질 가능성을 배제한다.

우리 주변의 활동가나 청년들 역시 지역의 어떤 이슈에 대해 이야기할 때 "주민들은 반대하시지요"라거나, "주민들은 개발을 바라요"라는 표현을 하는 경우가 종종 있다. 사실, 이런 표현에는 스스로를 '주민이 아닌 사람'으로 분리하는 정서가 흐르고 있는 셈이다. 아마 우리가 '주민'이라고 생각하는 범주와 조건이 이미 그 틀을 갖추고 있기 때문에 그 틀로부터 벗어나 있는 스스로를 주민 아닌 사람으로 정체화하는 것일 수 있다. 나는 이런 순간 더 구체적으로 이야기하는 연습이 필요하다고 생각한다. 그러니까 정확하게 이야기하는 훈련이다. "어떤 주민들은 반대하시지요", "어떤 주민들은 개발을 바라요" 하고 말이다. '주민'은 그 말 자체로 동질적인 집단이 아니라, 당연하고 자연스럽게 다양한 정체성과 정치적 지향, 의견을 갖고 있는 다양한 사람을 지칭한다. '주민'을 동질적인 집단으로 인식하고, 스스로를 그 집단으로부터 분리하는 한, 지역에서 정치는 발생하지 않는다. 다양성이라는 소중한 가치가 지역에서 고민되어야 하는 것은 유난스럽게 정치적인 것이 아니다.

거꾸로, 다양한 정치적 지향이 만들어 내는 토론으로 지역의 정치가 구성되지 못한다면, 국가적 차원의 정치에도, 지구적 맥락의 위기에도 대응할 힘이 우리에게는 더이상 안 만들어질지도 모른다. 나에게 마을공동체란 그런 의미이다. 세계를 구할 수 있는 힘이 만들어지는 토론과 정치의 현장이 바로 마을공동체이고, 물론 그 현장이 세계와 분리될 수는 없다.

관공서의 칸막이가 일상의 칸막이일 수는 없다

한편, 많은 전문가들이 지적했듯이 급격한 제도화는 관료제의 칸막이를 시민사회로 전이하는 부작용을 동반한다. 급격히 제도화된 공동체도 마찬가지다.

마을공동체 일은 자치행정과가 주관하는 듯 보이지만, 이를테면 에너지자립마을은 환경과가, 자원순환마을은 청소과가 담당한다. 도시재생도 공동체 형성을 주요한 목표로 설정하는데, 도시재생은 담당하는 부서를 따로 두는 것이 일반적이다. 그러다 보니 결국 비슷한 사람들이 이 부서 저 부서의 다른 사업에 참여하는 일도 허다하며, 각 사업이 각자 설정한 목표를 공유하지 않기 때문에 각자의 사업이 서로 충돌하는 이상한 일들이 발생하기도 한다. 예컨대, 서울의 한 자치구가 도시재생 사업의 일환으로 새롭게 지은 앵커 시설은 전면이 유리인 통유리 건물이었다. 에너지자립마을이 공유하는 목표를 조금이라도 이해했다면 이런 일은 벌어지지 않았을 것이다. 목표를 공유하지 않다 보니 결국 남는 것은 사업의 성과 지표에 숫자로 남은 주민들의 숫자뿐이다.

한번은 동료들과 함께 운영하던 공간의 운영비를 지원받기 위해 보조금 사업에 지원한 적이 있었다. 2010년대 중반 서울시는 민간 영역에서 자발적으로 만들어진 거점 공간에 일자리 지원 사업을 연결해 이를 공적인 장소로 네트워킹하려는 사업을 추진한 적 있었다. 우리는 청년 공간을 지원하고 연결하는 사업의 대상지를 선정하는 면접 자리에서 "○○○은 청년 공간이라기보다는 마을 공간 아니에요?"라는 질문을 받았다. 우리 팀의 동료는 "청년 공간과 마을 공간이 그렇게 딱 분리가 되는 것인지 잘 모르겠습니다. 보통은 섞여 있지 않나요?"라고 반문했다. 나는 이런 질문이 급격히 제도화된 공동체 운동이 관료제와 만나며 만들어진 난감한 상황의 상징적인 발화라고 생각한다. 단일할 수 없는 정체성인 '세대'와 도시 공간에 존재하는 수많은 커뮤니티들의 양상이 전혀 고려되지 않는 '마을'이 마치 실재하는 정체성과 장소인 듯 언급되기 시작한 것이다. 비슷하게는 마을공동체 활동가들이 모인 자리에서 접했던 "왜 마을에는 청년이 없어요?"라는 질문도 오래도록 기억에 남는다. 저 질문이 전제하는 '마을'은 마을넷 모임인가, 마을보조금사업인가, 마을공동체지원센터와 같은 중간지원조직인가? 사업의 대상이 되면 실재하지 않는 개념이 그 형태를 갖추게 된다. 어쨌든 그날 접한 저 질문은 매우 억울한 질문인데, 우리가 운영하던 공간은 어떤 경우에는 항상 마을공간이기를 의심받았기 때문이다.

또한, 최근 몇 년 사이 부쩍 늘어난 각종 보조금 사업에 참여해 본 시민들이라면 익히 아는 불편함이 있다. 바로 자산취득성 예산집행을 금지하는 지침이다. 모든 보조금 사업에 대해 행정은 해당 사업별로 그 특성에 맞게 집행지침을 만들어 배포한다. 예산안을 작성해 보조금 사업을 신청하는 시점부터 가장 강력한 기준으로 작동하는 이 집행지침에는 표현과 정도의 차이는 있지만 대부분 보조금 사업을 진행하는 개인이나 단체가 자산을 취득하는 것으로 해석될 수 있는 예산 집행에 대해 엄격하게 금지한다. 공적 예산을 투입해 추진하는 사업이니만큼 사업의 공공성, 특히 공공의 예산이 특정 개인이나 단체의 이익이 되지 않도록 하는 기준을 마련하는 것에 중요성을 두고 있기 때문일 것이다. 그래서 사업진행비 항목이나 물품구입비 항목의 예산 수립과 집행 과정에서 '소모성 물품'을 구입하도록 제한한다. 이해가 되지 않는 바는 아니다. 그런데 실제로 사업을 진행하다 보면 그 경계가 애매한 것들이 많이 있다. 게다가 비슷한 이유에서 대부분의 보조금 사업이 인건비성 수당 집행에도 매우 많은 제한을 두고 있기 때문에 실제로는 사업을 진행하는 중에 쓸 수 있는 예산이라고 하는 것은 사람에게도, 장소에게도 남지 않도록 사용하게끔 되어 있다고 볼 수 있다. 그럼 실제로 보조금으로 집행되는 예산은 그런 의도를 충분히 살려 공공성을 실현하는 수단으로 활용되고 있을까? 이 질문에 제대로 응답하기 위해서는 우리가 마주한 2019년 시점의 '공공성'이라는 것이 무엇일까에 대해 제대로 고민해 보는 작업이 필요하다.

단적인 사례를 들어 생각해 보자. 여러 제한 덕분에 보조금 사업을 집행하는 중에 가장 손쉽게 '돈을 쓸 수 있는' 방법은 기념품을 제작해 배포하는 것이다. 받은 예산은 최대한 다 쓰는 것이 미덕인 분위기 때문에 돈은 써야 마땅한 것이 되었고, 직접 활동했거나 활동에 기여한 개인에게 비용을 집행하는 것은 인건비성 수당으로 간주되며, 특정 장소나 개인이 어딘가에 고정시켜 활용할 수 있는 물품을 구입하는 것은 자산취득성 예산 집행이 되기 때문에 개인에게 지급될 수 있지만 인건비는 아니고 소모성 물품이지만 1년 이상 활용할 수 있는(대부분의 보조금 사업은 '물품관리법'을 근거로 1년 이상 사용할 수 있는 물품을 구매하도록 지침을 내리고 있다.) 기념품을 참여하는 시민들에게 배포하는 방식으로 예산을 쓰는 것이 일종의 팁처럼 구전되는 모양새다. 물론 구체적인 지칭은 기념품일 수도 있고, 캠페인 물품일 때도 있고, 워크숍 재료일 수도 있다. 집에 굴러다니는 에코백이 너무 많아져서 더 이상 '에코(eco)'하지 않다는 농담이 만들어진 맥락에는 이런 관행이 한몫 했을 것이라 추측한다. 이런 관행들은 기후위기와 저성장이라는 시대적 위기 앞에 구성되어야 할 '공공성'이라는 준거점에서 볼 때 어떻게 평가되어야 할까? 더 큰 문제는 이런 관행이 단지 보조금 사업에서만 발견되는 것이 아니라는 점이다. 보조금 사업의 관행은 공적 예산을 집행하는 관료제 시스템의 오랜 습관들과 직접적인 연관성이 있다.

몇 년 전 한 기초의회 회의록을 모니터링하며 발견한 내용이 인상적이었다. 공공 자전거 수리와 관련된 예산안에 대한 질의 내용이었는데, 한 기초의원이 공공 자전거 수리에 들어가는 예산보다 자전거를 새롭게 구입하는 예산이 더 저렴하니 수리가 필요한 공공 자전거는 폐기하고 새로운 자전거를 구입하는 것이 낫지 않겠느냐는 것이 그 내용이었다. 부족한 예산을 최대한 아껴 집행할 수 있도록 의견을 내는 것이 선출직 기초의원이 부여받은 공적인 역할이라고 생각한다면, 당연히 할 수 있는 질문이라고 생각할 수 있다. 그런데 과연 예산계획의 수립과 집행, 평가 과정 중에 개입해야 할 가치가 '무조건 절약' 하나밖에 없는 것일까? 물건을 수리해서 쓰는 것보다 새로 사는 것이 더 저렴해진 맥락에는 대량생산 시스템의 존재가 있다. 그리고 이 대량생산 시스템은 성장주의적 탄소 기반경제와 불평등을 강화하는 노동 덕분에 유지 가능한 것이었다. 이러한 문제들을 직시하고, 그 문제들이 우리가 지금 당장 가장 우선적으로 풀어야 할 것이라고 인정한다면 단지 더 싸서 예산을 아낄 수 있기 때문에 공공 자전거를 새로 사자는 제안이 힘을 얻어서는 안 된다.

최근 여러 국가에서 수리에 대한 권리(The right to repair)을 법제화하는 흐름들이 형성되고 있다. 미국 대선 주자로 나섰던 민주당의 엘리자베스 워렌 상원의원이나 버니 샌더스 상원의원이 이런 흐름에 지지의 의사를 밝혀 화제가 되기도 했다. 한국 사회에도 꼭 필요한 논의다. 수리받아 물품을 재사용하고 오래 사용할 권리는 이미 우리 일상에서 사라진 지 오래다. 2017년 한국인의 핸드폰 평균 사용 기간은 2.7년으로 집계된 바 있다. 여기에는 통신사와 제조사가 연합해 만들어 낸 이른바 약정 시스템이 크게 역할했고(실제 교체 이유 중 가장 큰 비중을 차지한 것은 약정 만료(36.7%)였다.), 기존 기기를 수리해서 쓰는 것보다 새 기기를 새로운 약정으로 구입해 쓰는 것이 더 저렴하다고 홍보하는 마케팅 방법이 한몫했을 것이다. 핸드폰 류의 가장 대표적인 가전제품이 소모품이 되어버린 것인데, 우리는 이러한 문화를 멈춰세우지 않으면 안 될 시점에 도달했다. 하지만 우리 사회의 수리 인프라는 새로운 것을 생산하고 소비하게 하는 시스템에 비해 매우 취약하기 때문에, 이 시스템에 속해 있는 개인과 심지어 공공마저 지금의 기준에서는 누구나 수리보다는 신제품 구매를 선택하게끔 되어 있는 것이 현실이다. 공적 예산의 집행이나 사적 영역의 소비에서 '수리받을 권리'가 공적 영역의 토론 주제로 하루빨리 등장해야 할 이유이다. 대규모의 공적 예산을 투입해 수리받을 권리를 보장할 수 있는 인프라를 구축하고, 지금 당장 공적 예산의 집행 과정에서도 비용이 더 들더라도 재사용에 비용을 쓰도록 하는 기후 위기 시대의 '집행지침'이 필요하다.

마지막으로 공무원들이 가장 두려워하는 단어가 있다. 바로 '불용(不用)'이다. 통과된 예산을 남김없이 사용하는 것은 담당 사업을 추진하는 부서와 부서원들의 능력을 증명하는 가장 확실한 방법이고, 거꾸로 예산이 다 사용되지 못해 불용처리 되는 것은 관료제하에서 무능력을 증명하는 무서운 경험이다. 어떤 상황에서는 예산을 무조건 절약하는 것이 가장 필요한 덕목으로 존재하지만, 또 어떤 상황에서는 주어진 예산을 어떻게든 전부 쓰는 것이 훌륭한 공무원의 미덕으로 인지되고 있다. 이 관행이 보조금 사업을 집행하는 시민들에게도 그대로 전이되고 있는 것도 주목해야 할 현실이다. 그래서 어떤 예산들은 적재적소에 잘 활용되는 것이 중요한 게 아니라 평가항목에 존재하는 여러 기준들과 제한들을 충족시켜 가며 다 쓰여지는 것을 우선순위로 집행된다. 그리고 이미 확보한 예산의 크기를 축소하지 않으려는 행정 부서 간 경쟁도 예산의 불용처리에 대한 관료 사회의 두려움을 극대화시킨다. 더이상 건설할 도로가 별로 없어 심지어 민자도로에까지 재원을 투입하고 있으면서도 매년 10조 원 이상의 재원을 포기할 수 없어 국토부가 놓치 못하는 교통시설특별회계 같은 내용들이 대표적인 예이다.

당분간 어떤 예산들이 '불용'되는지 있는 그대로 확인해 볼 필요도 있을 것이다. 억지로 예산을 다 쓰며 역설적으로 공적 생존 기반을 파괴하는 방식의 예산 집행을 일단 멈추자. 이를 위해 당분간 '불용'은 무능력의 상징이 아니라, 진짜 위기에 대응하기 위한 용기로 해석되어야 한다.

이렇게 공적 예산을 집행하는 과정 중에 확인되는 문화적 관행들이 있고, 명확해 보이지만 모호한 기준으로 얽혀 있는 그 관행들이 명문화된 법과 지침들이 존재한다. 모두 우리 사회가 계속 성장 가능할 것이라 생각했던 시기, 자원의 문제는 어떻게든 해결될 것이라 믿어 의심치 않았던 시대로부터 이어진 것들이다. 이 연결을 단호히 끊고, 새롭게 모든 기준들을 다시 설정해야 할 시대가 되었다. 최근 몇 년 사이 체감의 정도가 부쩍 높아진 기후위기 문제, 폐기물 문제, 그리고 계속 악화되는 불평등의 정도가 그 명분이다. 2050년까지 탄소 배출 Net-Zero에 도달하고, 자원이 효율적으로 순환되어 매립되고 소각되는 폐기물이 사라지며, 강화되는 불평등의 고리를 끊는 것을 공적 예산 집행의 최우선 기준으로 설정할 때, 과거의 관행들이 고정시킨 기준들을 재구성할 명확한 준거점이 만들어질 것이다.

게다가 칸막이는 지방자치단체 내 부서별 칸막이로만 존재하지 않는다. 분권이 실질적으로 되어 있지 않은 한국의 지방자치제도에서 기초지방자치단체는 말할 것도 없고 광역지방자치단체 역시 자원을 새롭게 배분하고 구조적 문제에 직접적으로 접근할 권한을 갖고 있지 못하다. 협치를 기조로 선언했더라도, 협치를 통해 결정되는 여러 내용들은 결국 부서별 칸막이, 중앙과 지방 간 위계 관계 속에서 한정될 수밖에 없다.

수많은 공론장을 통해 도출되는 해법들이 교육과 캠페인에 집중되는 것도 이 같은 현실에서 자유롭지 않다. 선출직 정치인인 단체장들이 때로는 권한을 넘나드는 정치적 결정들을 하기도 하지만, 이 역시 정치인 개인의 미래 경로 속에서 고려되는 것이 현실이다. 이런 중에 시민들의 상상력과 협치를 통해 확대하려 했던 직접 민주주의 가능성이 역설적으로 협치의 경험을 통해 관료제의 영역 안에 포섭되는 것이 가장 큰 문제점이다. 권한을 구성하고, 자원을 분배하는 권위가 시민들에게 있다는 것이 민주주의의 핵심 원칙일 것이다. 선거 정치가 정치 참여 방법론을 장악하고, 협치가 관료제에 포섭되는 사이, 관료제의 저항 도구였던 공론장은 협치를 시정기조로 선언한 관료조직의 동원 성과가 되었고, 권한을 적극적으로 구성하고 이를 통해 자원을 분배하는 규칙을 만들어 내는 정치적 해법의 상상력이 실종된 것이다.

4 마을공동체가 기후위기에 대응하는 최전선이 될까?

마을의 녹색 시민

몇 년 전 설악산 케이블카를 둘러싼 갈등을 우리 사회가 이해하는 방식을 복기해 보자. 한 언론사는 "지역 주민은 '환영'……환경단체 '반발'"이라는 제목으로 케이블카를 둘러싼 갈등의 내용을 조망했다. 다른 언론이라고 크게 다르지 않다. 노골적으로 표현하지 않았을 뿐이지, 이 결정을 반대하는 측은 언제나 '환경단체'이다. 한겨레신문은 당일 발행한 속보 기사(「[속보] 설악산 케이블카 사업심의 '통과'」(2015.08.28.)에서 "설악산 케이블카 사업은 환경단체들이 국립공원 훼손을 들어 거세게 반발하는 가운데……"라는 언급으로 갈등의 내용을 정리했다. 우리에게 너무 익숙한 프레임이기 때문에 별다른 문제의식 없이 지나갈 수 있지만, 나는 이 익숙함이 우리 사회가 맞이한 결정

녹색시민　　　　　　　　　　　　　　　· 생태 개념어 쪽지 ·

이 글에서 언급된 녹색시민은 기후위기, 환경 문제에 적극적으로 대응하는 정치적이고 사회적인 행위자를 지칭하는데, 생태 시민성(ecological citizenship) 논의로부터 영감을 받아 이와 유사한 개념으로 사용했다. 시민성(citizenship)은 시민의 법적 지위와 역량을 의미하는 개념이기도 한데, 교육과 제도, 사회 정책 등을 통해 국민국가의 구성원을 재생산하는 기제로 작동한다는 점에서 연구자들과 활동가들의 관심을 받아왔다. 하지만 동시에 기존의 시민성은 환경 문제나 기후위기와 같은 국경을 넘는 지구적 환경 문제에는 적절하게 대응할 수 없다는 비판을 받기도 했다. 생태 시민성의 도전은 이 같은 문제의식을 공유하며 기후위기와 같은 생태적 위협에 대응하는 데 있어 '민주적, 생태적, 세계적 지향을 모두 구현하는 새로운 시민'을 상상하는 것이기도 하다.(박순열, 2019)

적인 한계 지점이라고 생각한다. 정말 '케이블카를 반대하는 주민'은 없는가? 지역의 개발 이슈에 찬성하는 사람을 우리는 '주민'이라고 호명하는 것인가? 지역사회의 지속가능성과 지구적 한계, 그리고 개인과 마을의 미래를 통합적으로 이해하는 '녹색 시민'은 존재하는가? 이 존재 여부에 대한 판단을 중심으로, 지금 활용되는 갈등 주체의 프레임이 언론과 중앙정치가 만들어 낸 작위적인 프레임의 문제라면 그 프레임을 두고 싸워야 할 것이고, 그 프레임이 실제로 우리 사회의 어떤 현실을 반영하는 것이라면 우리는 실재하는 이 프레임을 어떻게 깰 것인가 연구해야 할 것이다. 비단 설악산만의 문제가 아니다. 우리 사회에, 그리고 우리의 삶에 경제적 이득을 증폭할 것으로 기대되는 개발 이외에 다른 판단의 기준이 있는가 함께 묻자. 합의된 다른 가치 기준이 없다면, 그것을 어떻게 만들어 갈 것인가 다시 묻자.

이런 경험을 하고 보니, 몇 년 전 한 차례 한국 언론을 통해 소개되어 화제가 된 적이 있던 글로벌 스포츠 브랜드 HEAD의 회장 요한 엘리아쉬(Johan Eliasch)의 이야기가 오버랩된다. 2007년 환경보호 단체인 '쿨어스(Cool Earth)'를 만든 그는 사실 2005년 사비로 수백만 달러를 들여 아마존 메데이라(Medeira) 강 유역의 열대우림 1600제곱킬로미터를 현지 벌목회사로부터 구입했다.(1600제곱킬로미터는 서울과 경기도를 합친 정도의 면적이다.) 숲을 지키는 가장 좋은 방법은 결국 숲을 사들이는 것이라고 생각했기 때문이라고 한다. 그는 지금 사회에서 기업과 국가의 개발 논리에 맞설 다른 방법이 사실상 없는 것으로 판단했다. 자본의 증식을 가장 최우선 가치로 하는 기업은 그렇다 치고, 국가의 공공성마저 그는 신뢰하지 않았던 것이다. 이것은 무엇을 의미할까?

우리는 그렇다면 요한 엘리아쉬 같은 '착한 거부'를 기다리는 것이 가장 좋은 방법일까? 나는 그렇지 않다고 생각한다. 개인, 시민, 주민은 언제나 개발 논리로부터 자유롭지 않은 '개발주의자'가 되고, 정작 거대한 자본을 소유한 환경주의자가 지구의 지속가능성을 담보하는 이 구도를 기대해야 하는가?

이러한 극단적인 논리 전개는 오히려 '풀뿌리'나 'bottom up'과 같은 개념을 규범적인 수준에서 의심 없이 사용하는 과

요한 엘리아쉬　　　　　　　　　· 생태 개념어 쪽지 ·

요한 엘리아쉬(Johan Eliasch)는 스웨덴의 사업가이자 환경운동가이다. 우리에게도 잘 알려진 스포츠 브랜드 'HEAD'의 CEO(2021년 사임)이기도 했던 그는 2005년 자연 보존을 목적으로 아마존 중심부의 열대우림 40만 에이커를 구입하고, 해당 지역의 벌목 작업을 중단시켰다.

정에서 함정에 빠지게 된 결과이기도 하다. 우리는 '풀뿌리'가 중요하다고 외침과 동시에 지역사회와 주민, 이른바 풀뿌리 영역에 대한 이중적인 인식을 갖고 있다. 그것은 바로 '주민'에 대한 막연한 불신이다. 기존의 주민을 이해관계에 첨예하게 움직이고 지역개발을 부추기는 존재로 가정하고 대상화하는 것이 익숙하다. 분명 이러한 판단은 어떤 경험적인 근거를 갖고 있을 수도 있다. 따라서 '틀린' 판단은 아니다. 그렇기 때문에 이 판단에서 우리가 어떤 전략과 과제를 설정하고 실천할 것인가는 매우 중요하다. 요한 엘리아쉬 같은 구세주를 기다릴 것인가, 혹은 국가와 중앙으로 규제의 권한을 묶어두는 정치를 만들어갈 것인가, 아니면 지역의 주민사회를 새롭게 구성할 '녹색 시민'을 조직화하여 다른 토론과 갈등의 장면들을 만들어 낼 것인가. 각각의 전략이 서로의 영역을 침범하는 전략이 될지 판단해 봐야겠고, 그래서 우선순위의 결정 같은 것이 필요하겠지만, 나는 마을의 '녹색 시민'을 조직하는 것을 목표로 우리의 전략과 과제가 만들어져야 한다고 본다.

빌려쓰는 사람들은 어떻게 마을공동체의 주체가 될까

시민들의 일상에는 다분히 권력적인 위계가 작동한다. 특히, 도시 공간에서 정주할 수 있다는 것은 대단히 권력적인 조건이다. 국토교통부가 발표한 「2020년도 주거실태조사」에 의하면, 임차가구의 평균 주거 기간은 3.2년으로 전체 가구 평균 거주 기간인 7.6년의 절반에도 못 미치는 것으로 나타났다. 특히 수도권의 경우, 한 주택에 거주한 기간이 2년 미만인 가구는 전체 가구의 40퍼센트 수준으로 대단히 높은 주거 이동률을 확인할 수 있었다.

주거 이동률은 도시 공간의 권력 관계를 보여주는 단적인 지표이다. 세입자의 주거 이동률이 자가 생활자보다 월등히 높은 것은 한국 사회 부동산 불평등에 기반한 문제적 현실이며, 여기에는 분명 직업 안정성 등의 변수들이 작동한다. 주택의 소유 문제와 정치 영역 참여 의지가 사실상 밀접하게 관련되어 있다는 연구 결과도 존재한다. 한국정치학회와 한겨레사회경제연구원이 지난 2018년 진행한 설문조사에서 주택 소유자와 비소유자 간 투표 참여 의사는 주택 소유자의 투표 참여 의사가 10-15퍼센트가량 높은 것으로 드러난 바 있다. 관심도와 정보량에서 차이가 발생하는 것이다. 아쉽게도 지금의 공동체 지원 체계를 평가하는 지표 내에 이 권력적인 위계를 가늠할 수 있는 것은 존재하지 않는다.

정주성의 문제와 함께 '시간 빈곤' 역시 현대를 살아가는 시민들의 가장 큰 문제라고 할 수 있다. 이 역시 다분히 사회경제적인 권력의 문제다. 2017년 기준 한국 임금노동자들의 연간 평균 노동시간은 2,024시간으로 OECD 평균인 1,746시간을 훨씬 웃도는 수치다. 법정 주당 최대 근로시간을 52시간으로 조정하는 등 노동시간을 줄이려는 사회정치적 노력들은 계속되어 왔지만 여전히 우리는 많이 일하고, 적게 자며, 쉬기 힘든 일상을 살아가고 있다. 노동시간 단축을 법 제도화하려는 노력 역시 경제 위기라는 명분하에 호시탐탐 그 빈틈을 노리는 시도들이 등장하고 있고, 무엇보다 차라리 더 많은 시간 일해서라도 돈을 벌어 생존의 조건을 충족시켜야 하는 무시무시한 삶이 존재하는 것도 현실이다. 안정된 장소와 관계 맺을 시간이 부족하다는 것이야말로 우리 사회의 공동체가 왜 붕괴할 수밖에 없는지를 설명하는 가장 확실한 이유임에도, 공동체를 지원하는 체계는 이 같은 조건들을 지표로서 받아들이지 않는다. 그렇다면 '공동체'는 당연히 시간과 장소를 가진 이들이 차지할 수밖에 없다.

주민참여예산, 생활권계획, 각종 위원회, 마을넷 등 우리는 수많은 참여의 현장을 만나고 있고, 이 참여의 현장들은 너나 할 것 없이 '주민 주도'의 중요성을 이야기한다. 우리는 이 주민 주도의 현장에 참여한 한 명의 주민으로 만족할 것인가? 나는 가끔 나라는 개인이 더 이상 어떤 위원회에 참여하는 것이

무슨 의미가 있을까 하는 생각을 한다. 회의에 참여해서 개인으로 의견을 제출하는 것이 쌓이고 쌓일수록 공허하다. 스스로 조직하지 않는 주민 주도는 '민원'의 또 다른 형태에 불과할 수 있다.

참여예산제도가 공식화되고 제도가 양적으로나 질적으로 모두 성장하던 2013년 무렵부터 2015년 정도까지 참여예산위원으로 활동한 적이 있었다. 한 해는 서울시 주민참여예산위원회 환경분과에 속해서 활동했는데, 참여예산사업으로 제안된 사업들의 우선순위를 정하는 전체 투표 자리에서 같은 분과에서 활동하던 분께 흥미로운 쪽지를 받았다. 영등포구에서 제안된 사업의 목록이었다. 나는 사실 그 전날 밤 쪽지를 주신 분으로부터 메시지를 하나 받았다. 자신이 서대문구에서 제안된 사업을 전부 만점 줄 테니, 나는 영등포구에서 제안된 사업에 전부 만점을 달라는 부탁이었다. 별다른 대답을 하지 않았기 때문에 무효가 된 제안이라고 생각했는데, 그게 아니었나 보다. 나는 그때 그분의 이해관계가 대체 무엇이었을까 꽤 깊이 고민해 본 적 있다. '자치구'라는 모호한 경계에 자신의 정체성이 부여되는 경로는 무엇일까? 부동산 가격 상승과 같은 경제적 이해관계일까? 동네에 대한 애정 같은 것일까? 준거집단의 존재일까? 무엇 하나 단정적으로 전제할 수는 없었지만, 그때 또 하나 마주했던 것은 그와 같은 제안에 별로 관심이 없던 나와 같은 이들의 존재였다. 소지역주의가 서 있는 이해관계와는 연결될 수 없는 일상을 도시에서 살아가고 있는 사람들. 어쩌면 빌려쓰는 사람들의 정치, 빌려쓰는 사람들의 민주주의와 같은 가능성은 이런 것일 수도 있겠다.

그런데 그 가능성을 낙관하기만은 어렵다. 우선 빌려쓰는 이들이 지역사회와 관계를 시작할 동기가 아직은 미약하다. 현실은 세입자들이 지방선거에 더 관심이 적다고 하는 설문조사 결과, 세대별 참여를 보장하지만 20-30대 참여는 늘 부족한 참여예산제도 현장 같은 것들이다. 빌려쓰는 이들이 자신의 일상이 만들어지는 공간에 개입하고자 하는 욕구는 어떻게 만들어질 수 있을까? 나는 도시의 마을공동체 활동이 2020년대에 마주한 가장 큰 질문 중 하나가 바로 이것이라고 생각한다.

그러나 낙관할 수만은 없는 전망에도 불구하고, 기후위기 시대에 지역사회의 정치와 공동체적인 대안이 개발주의와 거리를 두기 위해서는 기존의 지역사회를 구성하는 여러 가지 전제들에 대해 성찰할 수밖에 없다. 성찰의 과정을 거쳐 우리는 마을의 '녹색 시민'을 새롭게 조직해야 하는 과업을 마주하게 될 텐데, 나는 적어도 지가 상승이 지역사회와 맺는 핵심 이해관계가 아닌 이들의 권리를 지역사회 안에서 보다 확대하는 것이 그 방법이 될 수 있을 것이라고 본다. 빌려쓰는 이들은 어떻게 지역사회와 보다 적극적인 관계를 맺을 수 있을까?

'마을공동체'가 전환의 상상을 방해하고 있지는 않은가

마을이라든지, 공동체라든지 하는 개념들이 행정에서 추진하는 특정한 프로그램의 일부가 되는 상황에 고민해 봐야 하는 커다란 주제가 하나 더 있다. 바로 '마을'과 '공동체'가 그것이 본래 가지고 있는 통합성이 삭제된 상태에서 오히려 전환의 상상을 가로막는 제도의 알리바이로 역할할 가능성에 대한 고민이다.

예를 들어, '마을경제 활성화'라는 성과 목표를 살펴보자. 언제부턴가 사회적기업도, 마을기업도, 협동조합도, 스타트업도 그 정책은 수없이 접해 왔지만, 1년 단위의 성과 보고서 외에 그것들에 대한 중장기적인 평가 혹은 실패사를 접한 기억은 거의 없다. 실패라는 단어에 대한 반감 때문인지, 평가에 대한 두려움 때문이지, 언제나 좋지 않은 이야기는 뒤에서 만들어질 뿐, 그것이 공식화되어 평가의 근거가 되고 더 나은 방안을 찾는 자산이 되는 경험이 거의 없는 것 같다. 나는 이를테면 서울과 같은 대도시에서 '마을' 단위의 경제가 활성화되는 것이 어떤 방식으로 가능한지 진심으로 궁금하다. 물론 가능할 수도 있다. 그리고 그것이 우리의 삶을 지속가능하게 만드는 중요한 도전일 수도 있다. 하지만 나의 이해와 상상력 내에서라면, 그 도전은 이른바 '대전환'이어야만 한다. 함께 고민되어져야 할 것들이 대단히 많다. 적어도 이 난감한 경제위기 체제 내에서 같은 욕망과 같은 소비 패턴을 유지한 상태로 '마을경제'라는 것을 활성화하기란 어려울 것 같다. 자영업이 위기인데, 마을기업은 생존할 수 없다. 근로소득이 불안정한데 대형마트가 아닌 선택지를 고르기란 쉽지 않다. 직장과 거주지의 분리 문제, 교육과 의료의 문제, 돌봄의 공백 문제, 모든 것을 함께 고민할 때 '마을' 단위의 경제도 상상해 볼 수 있다. 어떻게 무엇을 전환할 것인가? 무엇이 마을경제를 활성화할 수 있는가? 그리고 그 미래가 이 도시를 살아가는 우리의 삶을 지속가능하게 할 것인가? 나는 이 질문을 공유하는 것으로부터 모든 것이 시작될 수 있다고 생각한다.

2부

공동체성의
작동 원리와 전개

1장

◆

커먼즈, 플랫폼자본주의를 넘어서

커먼즈의 역사, 공동체의 역사

앞서 이태영 님은 "빌려쓰는 사람들은 어떻게 마을공동체의 주체가 될까"라는 질문을 던졌다. 이러한 질문은 정주형 공동체 자체에 대한 근원적인 질문이기도 하다. 부동산 이득과 얽혀 있는 성장에 기반한 마을이 아니라, 커먼즈에 관여하는 탈성장에 기반한 마을이 여기서 등장할 수밖에 없다. 공동체 논의에서 중요한 개념을 꼽으라고 한다면, 아마 가장 첫손에 꼽는 것이 바로 커먼즈(commons)일 것이다. 여기서 커먼즈는 공동체에서의 공유자산, 공통-부, 공통재, 공유재, 공유 활동 자체 등을 지칭한다. 커먼즈는 자본주의의 시초축적이 있기 전에 존재했던 공유지로부터 유래한다. 영국의 존 왕은 귀족들과 서민들의 압력에 밀려 공유지 사용권을 허락하는 마그나카르타 헌장(the Great Charter of Freedoms), 즉 대헌장에 조인을 한다. 이로써 영국에서의 산림과 숲, 하천과 같은 공유지에 대한 전쟁 미망인들과 지역주민들의 사용권이 헌법적 수준에서 보장되었다. 이러한 공유지에서의 커머닝(commoning), 즉 공유 활동과 사용은 벌레 퇴치, 약초, 발효, 저장, 요리 등의 다양한 생태적 지혜가 발흥할 수 있었던 구도가 된다. 그리고 이는 공유지에 기반한 공동체의 삶을 풍요롭게 만드는 원천이었다. 그러나 16-17세기의 마녀사냥이라는 여성에 대한 적대적인 행위로부터 시작된 자본주의 시초축적(primitive accumulation)은, 종획 운동 즉 양을 키우기 위한 울타리 치기(encloser)와 공유지에 대한 사유화 과정을 겪는다. 이에 따라 공유지에 대한 무단 점유가 바로 자본주의 성립의 근원임을 유감없이 알려주는 것이 바로 이러한 일련의 역사적인 상황이었다고 할 수 있다.

"땅이 없는 노동자 가족들은 종획[운동]에 반대했다. 그들은 땔감을 모았고 추수 이후에 이삭을 주웠으며 아이들은 나무 열매를 줍고 딸기류를 따고 까마귀들을 쫓아냈으며 너도밤나무 열매 수확철에는 돼지들을 돌보았고 양을 지켰으며 양털을 모았다. (……) 커머너들은 박하로부터 멘톨을 추출했고 디기탈리스에서 디기탈리스 제제를 추출했으며 버드나무 껍질에서 아스피린을 추출했다."[1]

그렇다면 이러한 공유지에 대한 착취, 시초축적은 근대 성립 시기에만 일어난 일일까? 아이러니하게도 현대 자본주의하에서는 시초축적이 수시로 이루어진다. 즉, 자본주의 성립기에 시초축적이 단 한 번만 이루어진 것이 아니라, 공유지에 대한 채굴, 추출, 착취, 약탈이 지속적으로 이루어진 것이다. 이에 따라 공유자산, 생태적 지혜, 집단지성, 오픈소스 등은 자본의 먹잇감이 되고 있다. 이른바 정동자본주의, 플랫폼자본주의 양상의 등장이 그것이다. 이제 공유경제를 촉매하고 고무하는 것은 비단 공동체만이 아니라, 자본 역시도 이에 대해 예민하게 반응하고 있는 상황이다. 그래서 사회적 관계조차도 사회자본이 되고, 욕망과 정동과 활력도 활력자본이 되는 상황이 벌어진다. 그렇다면 어떻게 이러한 플랫폼자본주의 양상을 넘어서 커

1 피터 라인보우, 『마그나카르타 선언』(갈무리, 2012), 136-137쪽.

먼즈의 기반을 강화할 수 있을까? 이러한 역사적인 시도에 대한 단상과 영감을 불러일으킬 수 있는 경로와 방법론은 없을까? 커먼즈의 논리 구도를 따라가 보면서 이에 대해서 탐색해 보자.

공유지의 비극을 넘어서

커먼즈는 도처에 존재한다. 공기, 물, 햇빛, 바람, 산, 들, 갯벌, 바다 등 우리 주변의 많은 것이 대가를 바라지 않고 내어주는 생명과 자연이라는 커먼즈이다. 그래서 생명과 자연을 '아낌없이 주는 나무'라고도 하고, '순수증여'라고도 한다. 이에 대한 공유 활동은 다양한 비물질적인 공유자산을 만들어 냈다. 집단지성, 생태적 지혜, 일반지성이 그것이다. 이 역시도 커먼즈를 이룬다. 왜 굳이 커먼즈를 새삼스럽게 얘기하는가 하는 사람도 있을 수 있다. 자연과 생명이라는 커먼즈의 약탈이 심각해지면서, 이에 대한 커머닝 즉 공유 활동 자체가 심각한 위기에 처했기 때문이다. 이를테면 물 사유화와 물 기업, 물 시장의 확대 등을 들 수 있다. 물이 부족한 제3세계 국가에서는 시민들이 자신의 소득의 25퍼센트 이상을 물을 사먹는 데 써야 할 정도로 물 사유화가 이미 진행되었다. 물 공공성이 대안이 될 수도 있지만, 이 역시도 커먼즈를 보호하는 제도로서의 의미를 갖는다. 혹자는 UN의 《세계인권선언》의 성립기에 물 인권 조항을 집어넣지 못한 데 아쉬움을 표명한다. 또 혹자는 강, 하천, 둠벙, 시냇물, 호수, 습지 등이 공동체의 자주관리를 통해 커먼즈로서의 역할을 해야 한다고 말한다. 결국 커먼즈는 제도도 필요로 하지만, 공동 관리의 자율적인 실천과 노력 역시도 필요로 한다.

공동체의 공동 자산인 산림과 하천 등을 커먼즈로서 이용한다는 것은 엄격한 공동체의 규칙과 공동 관리, 제도 등의 도움을 반드시 필요로 한다. 이를테면 공동체의 규칙은 "이렇게 해야 한다"일 수도 있지만, "이러지 말아야 한다"일 수도 있다. 그런데 시장의 자유를 추구하는 사람들은 "이러지 말아야 한다"의 나머지에 해당하는 공백에 파고들어 무한자유의 개척지로 여기면서 커먼즈를 잠식해 들어왔다. 이를 통해 시장의 원리가 치밀하게 관철되고 커먼즈에 대한 공동체의 규제와 규칙을 무력화하는 상황을 꿈꾸어 왔다. 시장만능주의자, 신자유주의자들은 개럿 하딘(Garrett Hardin)의 저서인 『공유지의 비극(The Tragedy of the Commons)』(1968)를 사례로 들면서, 개인의 이익을 위해서 공유지로서의 초원을 관리하지 않고 무한정 자유롭게 이용한다면, 서로 양이나 소를 키우기 위해 '나 하나쯤은 어때' 식으로 사용하다 황량한 불모지로 만들 것이라고 치부한다.

그러나 이 비극의 우화에는 단 한 가지 중대한 결함이 있다. 공유[재]에 대해 정확히 설명하고 있지 않다는 점이다. 하딘이 제시한 가상의 시나리오는 초원 주변에 경계도, 초원을 관리하는 규율도, 과용에 대한 처벌도, 뚜렷한 사용자 집단도 없는 시스템을 가정한다. 그러나 이것은 공유[재]가 아니다. 이는 진입이 개방된 열린 접근, 즉 오픈 액세스 체제, 혹은 자유 이용 체제다. 공유[재]에는 경계, 규율, 사회적 규범, 무임승차에 대한 규제가 있다. 공유[재]는 자원을 지키는 양심이 있는 관리인으로서의 역할을 기꺼이 하고자 하는 공동체의 존재를 필요조건으로 한다.[2]

이러한 논리는 공유지를 공동체로부터 분리시켜 고립된 개인과 매개했을 때 가능한 논리이다. 그러나 공동체는 공유지와 분리될 수 없고, 서로 시너지를 발휘하면서 끊임없이 상호작용해왔다. 공동체가 풍요로워지고 다양해지는 데에는 공유지에 대한 관리와 규제가 잘 작동하고 있을 때 가능하다.

커먼즈는 너와 나 사이에서 네 것도 아니고 내 것도 아닌

---

2 데이비드 볼리어, 『공유인으로 사고하라』(갈무리, 2015), 51쪽.

공동으로 사용해야 할 공유 영역이 발생되었을 때 비로소 시작된다. 네 것, 내 것 따지지 않는다고 해서 마음대로 해도 되는 것은 결코 아니다. 둘 혹은 셋 이상 여럿이 만든 배치가 내리는 결정에 따라 운영되고 관리되는 것이 커먼즈이다. 가령 A와 B가 공동 프로젝트를 아이디어 회의에서 실행까지 함께 한다고 했을 때, 각자가 기여한 부분은 1부터 5까지 혹은 6부터 10까지라고 정확하게 적시할 수는 없다. 그 둘 사이의 집단지성은 바로 공동의 성과물이 되고, 커먼즈가 된다. 그렇다고 "그것은 내 것이다"라고 사유화할 수도 없다. 특히 커먼즈는 성과물 자체만이 아니라, 그 성과에 도달했던 과정이나 방법론 자체에서도 내재해 있다. 그렇기 때문에, 왜(why)라는 본질과 이유에 대한 질문과 더불어 어떻게(how)라는 작동과 양상의 질문 자체에도 커먼즈가 작동하고 있는 셈이다. 그런 점에서 생태적 지혜라는 작동과 양상에 대한 방법론에도 커먼즈가 관철되는 것이다.

그럼에도 불구하고 커먼즈는 생태적 지혜와 집단지성으로부터 분리되어 마치 관료 시스템이 책임지고 할당할 수 있는 것으로 왜곡된 역사를 갖고 있다. 즉, 국가사회주의 체제는 커먼즈를 국가주의와 동일시 했고, 이에 따라 공공 영역과 공동체 영역의 낙차 효과에 나오는 다양한 시너지를 완전히 무력화시켜 버렸다. 결국 커먼즈가 생산하는 생태적 지혜의 다양성은 완벽히 화석화되는 비운을 맞이한다. 커먼즈의 논의가 공공영역과 동일시 될 때 갖는 폐해는 비단 국가사회주의만이 아니며, 공공 영역의 효율의 논리가 공동체와 시민사회의 자율영역을 잠식할 때마다 발생된다. 물론 공공 영역이 갖고 있는 무차별 공중에 대한 제도와 시스템이 덜 중요하다는 것은 아니다. 공공 영역은 무차별 사회에서 보이지 않는 제도의 판을 작동시킴으로써, '모아서(=세금) 나누는(=복지) 역할'에 충실해야 할 것이다. 그러나 공동체 영역이 갖고 있는 관계망과 배치에 따라 커먼즈가 관리·운영되었을 때라야 비로소 자율성과 생태적 지혜의 잠재성이 유감없이 발휘된다는 점은 분명하다. 그런 점에서 공공 주도의 관치가 아닌 시민 주도의 협치, 즉 거버넌스를 통한 커먼즈의 재발견과 재창안이 어느 때보다 중요한 것도 사실이다.

플랫폼자본주의와 커먼즈

최근에 플랫폼자본주의라는 얘기가 심심치 않게 들릴 정도로 플랫폼이 전면화되었다. 그런데 일반 시민들은 플랫폼과 커먼즈를 잘 구분하지 못하는 경우도 많다. 플랫폼자본주의 양상은 플랫폼이라는 마당을 설정해 두고, 그 안에서 사랑, 욕망, 정동, 재미 등을 발휘하면서 그 이익과 부수효과가 행위를 한 바로 자기 자신이 아닌 플랫폼을 살찌우도록 만드는 바로 향하는 색다른 질적 착취 양상의 자본주의를 의미한다. 겉으로 보기에는 커먼즈와 플랫폼이 각종 서비스를 제공해 준다는 점에서 큰 차이를 보이지 않는 것처럼 보인다. 그러나 사실은 공동의 시민자산으로 향하느냐 아니면 사적 자본의 이익으로 향하느냐의 문제에서 큰 차이를 보인다. 특히 구글(www.google.

플랫폼자본주의　　　　　　　　　　　　· 생태 개념어 쪽지 ·

플랫폼자본주의는 플랫폼이라는 마당이 깔리면 그 위에서 웃고 울고 즐기고 정동을 발휘하지만 그 이득은 모두 플랫폼 소유주에게 돌아간다는 점에서 정동자본주의라고도 불린다. 플랫폼은 정동이 쏠리며 인기를 누리면 그것이 돈이 되고 권력이 되는 체계이기 때문에 인플루언서를 양산한다. 이러한 인플루언서는 사실상 평판 체계라는 필터를 거쳐 엄선된 인물들이지만, 소수의 인기인들에 불과하다. 사람들은 인플루언서가 되기 위해서 모방, 따라하기, 유행에 맞추어 인지부조화에 가까운 자신의 생각과 말에 대한 변형을 수행한다. 플랫폼 기업들은 독점 기업들이 대부분이며, 자신의 시스템 내에 머물게 하기 위해서 아주 싼 가격에 파는 물건을 요소요소에 배치해 머무는 시간을 늘린다. 그러나 공정이나 정의의 입장에서는 독과점을 추구하는 플랫폼 기업의 정당성은 거의 희박하다는 점이 드러난다. 플랫폼 기업들은 OTT 기업으로서의 넷플릭스·디즈니 등과 구글·페이스북·트위터 등의 콘텐츠 플랫폼과 배민·쿠팡 등의 배달 플랫폼 등을 망라한다.

com) 등의 거대 인터넷 기업 등은 집단지성이나 오픈 소스, 생태적 지혜에 대해 탐을 내고 있는 상황이고, 이에 따라 플랫폼을 통해 보이지 않는 커먼즈의 가치와 관계망의 부수효과 등을 자신의 이익으로 추구하는 상황이다.

현대 자본주의는 동료 생산의 이러한 사회적 협력이 만들어 내는 긍정적 외부성인 지식과 혁신에 점점 더 의존하고 그것을 자신들의 이윤 추구 활동에 적극 통합시키고 있다. 이항우에 따르면, "기업들이 개방적 공유지의 출현에 적응하고 있으며, 개방적 공유지와 기업 생태계 사이의 상승효과를 추구하는 객관적 경향이 존재한다."[3] 구글, 애플, 아마존, 이베이, 유튜브, 페이스북 등은 그 대표 기업들이다.[4]

그럼에도 불구하고 커먼즈를 채굴하고 추출하여 이득을 얻을 수밖에 없는 최근의 정동자본주의의 양상을 통해 우리는 커먼즈 자체가 하나의 기업과 시장의 생태계로서 돌이킬 수 없는 중요한 판과 구도가 되고 있음을 확인할 수 있다. 탈근대 자본주의의 질적 착취의 상황에서 커먼즈로부터 어떤 부수효과를 취하느냐가 가장 관건이 되고 있음을 확인할 수 있는 것

---

3 Bauwens, 2009: 130쪽. 이항우, 『정동자본주의와 자유노동의 보상』(한울앰플러스(주), 2017), 56쪽에서 재인용.

4 이항우, 『정동자본주의와 자유노동의 보상』(한울앰플러스(주), 2017), 56쪽.

이다. 이를 통해 플랫폼자본주의의 양상은 시초축적 이후에도 꾸준히 자본에 의한 커먼즈의 약탈이 추진되어 왔음을 확인할 수 있다. 그럼에도 불구하고 커먼즈는 리눅스나 위키피디아와 같이 색다른 비물질재로 영역을 확대하면서 지속적으로 생산되어 오고 있다. 특히 비물질재의 경우 커먼즈의 영역이 공유될수록 고갈되지 않고 더 시너지를 발휘한다는 점이 특징적이다. 이에 따라 비물질재를 중심으로 한 커먼즈가 색다른 커먼즈에 대한 사상과 철학을 정립할 여지가 높아지고 있다. 그런 점에서 이제까지 이루어져 왔던 커먼즈의 사상적인 궤적을 정리할 필요성이 있다.

정동/정동자본주의 · 생태 개념어 쪽지 ·

정동(affect)은 정서와 정서를 연결하는 이음새이자 정서 변환 양식이라고 어렵게 규정되는데, 사실은 활력이자 생명력이다. 뾰족한 포크는 두려움의 정서를 만들지만, 나이프라는 공포의 정서와 가지런히 배열되어 '맛있다'의 정동으로 이행한다. 정동을 스피노자는 '기쁨', '슬픔', '욕망'이라는 세 가지로 규정짓기도 했다. 정동은 흐름(flux)의 형태로 나타나기도 하고, 상호작용(feedback)의 형태로 나타나기도 한다. 정동이 머물고 순환하고 강렬해지는 곳을 플랫폼이라고 하기 때문에 정동자본주의는 플랫폼자본주의라고도 한다. 정동은 플랫폼이 추구하는 공동 이용의 셰어링(sharing)으로서의 공유 경제가 아니라, 공동 규칙, 공동 소유의 커머닝(commoning)으로서의 공유 경제를 구성하는 정동 해방으로 향할 수 있는 야성성을 갖고 있다.

커먼즈의 사상, 공동체의 사상

커먼즈의 영역은 사상적으로 스피노자의 공통관념(common concept)로부터 유래를 갖는다. 스피노자의 철학적인 구도는 '특이성(singularity)을 사랑하는 공통성(common)'이라는 구도를 보인다는 점이 특징적이다. 즉, 사랑, 정동, 욕망의 논리로 이를 전개해 볼 때 스피노자의 사상의 전모가 드러나는 대목이기도 하다. 이를테면 "사랑할수록 같아진다"라는 동일성의 철학의 구도는 우주적 합일이 동일성에 의해서 감각적이고 즉각적으로 이루어질 수 있다는 것을 전제로 한다. 즉, 상식(common sense)에 따라 일치를 이룬다는 논리가 그것이다. 이는 스피노자에게 1종지라고 불리며, 이러한 논리는 사실은 오류와 환상, 망상의 원천이라고 스피노자는 치부한다. 반면 "사랑할수록 달라진다"는 형태로 작동되는 것이 특이성의 원리이다. 즉, 연대하고 사랑하고 정동할수록 우리는 다양해지고 특이해진다는 것이다. 이와 동시에 "사랑할수록 닮아진다"는 형태로 작동되는 것이 공통성의 논리이다. 즉, 커먼즈는 형태가 유사하지만 동일하지 않고 특이한 것이 뛰어놀 수 있는 구도를 드러낸다. 여기서 특이성은 공통성을 풍부하게 만드는 원천이다. 그렇기 때문에 스피노자의 철학은 특이성을 사랑함으로써 공통성을 풍부하게 만드는 구도라고 할 수 있다.

이러한 커먼즈의 사상에서 가장 특이한 부분이 바로 커먼즈를 특징짓는 공통성이 보편성(universality)이 아니라는 점이다. 보편적으로 적용될 수 있는 원리는 편재성, 무시간성, 무장소성, 무역사성을 특징으로 하여, 정보와 지식의 형태로 무차별 사회에 무작위로 제공된다. 반면 공통성은 역사성, 장소성, 국지성 등을 특징으로 하여, 지금-당장-여기-가까이에 있는 너와 나 사이에서도 생산이 가능하다. 이를테면 시험장에서 볼펜을 빌려주는 옆 사람과도 공통성이 생성될 수 있으며, 길을 묻는 사람을 직접 인도해 주는 친절한 행인에게도 공통성은 형성될 수 있다. 다른 한편으로 보편성은 어떤 상황, 장소, 인물 등인지 따지지 않고 사실상 꿈꾸는 과정과 유사한 논리를 구사한다. 즉, 특이성이나 고유성, 국지성 등을 고려하지 않은 채 모든 곳, 모든 인물, 모든 시간에 적용될 수 있는 것이 보편성이다. 국가주의 사상은 보편적인 하나의 모델을 현실에 적용하는 것이라면, 공동체 사상은 현실을 복잡계(complex systems)로 보고 국지적인 영역에 다양한 모델들을 적용시켜 커먼즈로 만드는 과정이라고 할 수 있다.

커먼즈라는 물질적/비물질적인 공유 자산은 공동체와 시민에게 풍부한 사용, 관리, 전유의 자산이 되어 왔다. 커먼즈는 관계를 통하지 않고서는 자원-부-에너지에 접근할 기회를 갖지 못하게 하는 특징을 갖는다. 그러나 현대 자본주의는 관계를 통하지 않고도 자원-부-에너지에 대한 개인의 접근 가능성을 열어두었기 때문에, 굳이 커먼즈에 의탁하지 않고도 생활할 수 있도록 만들어 주었다. 커먼즈와 관계를 맺는다는 것은 공동체의 규칙과 제도에 따라 행동하는 것을 의미하기 때문에, 사실상 개인에게는 자유를 규제한다는 느낌이 든다. 그러나 공동체의 커먼즈와 같이 관계망의 깊이와 잠재성을 잘 보여주는 것도 없다. 커먼즈를 통해서, 관계를 통해서 우리가 해낼 수 있는 것들이 무척 다양하고 실질적이고 유효하다는 것을 알 수 있게 된다. 이에 따라 관계로부터의 분리로 이루어진 현대인들의 삶의 양상에 비추어볼 때, 관계로부터 얻을 수 있는 것이 굉장히 다양하다는 점을 잘 보여주는 것이 커먼즈이다. 이제까지 우리는 공동체성의 첫 번째 특징으로 커먼즈를 살펴보았으며, 이에 따라 공동체적인 관계망과 배치가 어떤 특징을 갖는지 조금은 조망할 수 있다. 커먼즈는 관계가 갖는 장점을 보여주는 판과 구도라는 점에서 유행을 만들 만큼 가장 세련되고 현실에서도 유능한 것으로도 볼 수 있다.

2장

◆

흐름, 내발적 발전을 향하여

흐름의 사유, 횡단의 사유

앞서 이태영 님은 "마을공동체가 전환의 상상을 방해하고 있지는 않은가"라는 질문을 던졌다. 이러한 질문에 대한 대답이 바로 흐름과 횡단이라는 공동체의 면모이지 않나, 생각된다. 공동체에서 사람들은 모종의 정동과 욕망의 흐름에 따라 자리와 배치를 생성시키고, 이 흐름에 따라 각각의 태도와 형태, 모양을 변모시킨다. 마치 사람들이 서로에게서 발생된 흐름이 갖고 있는 강렬도를 전달해 주는 감광판과 울림판과 같이 느껴지는 이유도 여기에 있다. 흐름이 사람들에게 전달되면 곧 다른 사람에게 느낌의 형태로 흐름을 다시 전달한다. 그래서 사람들 사이에서 전달되는 정동의 흐름은 재귀적으로 증폭되어 파고(波高)가 되어 눈덩이 효과를 일으킨다.

흐름(Flux)에 대해 처음으로 규명한 사람은 고대 그리스의 불의 철학자 헤라클레이토스(Heraclitus)이다. 그는 "한번 담근 강물에는 다시 담글 수 없다"라면서 흐름이 갖고 있는 철학적인 잠언을 던진다. 결국 만물이 변화하고 유전한다는 생각으로 향하게 만드는 헤라클레이토스의 철학은 헤겔(Georg Wihelm Friedrich Hegel)의 변증법(Dialectic) 사상의 모태가 되었다고도 한다. 그러나 헤겔의 사상은 인륜적 공동체가 미리 전제되어 있어서 대립, 모순, 적대가 있다 하더라도 사회의 성숙으로 향한다는 생각이다. 이런 점에서 공동체를 생성시켜야 할 것이 아니라, 공통감(Common Sense)에 의해 늘 주어져 있는 것으로 바라보는 사상이라는 점에서 통속적인 동일성의 철학일 뿐이다. 그런 점에서 헤겔의 흐름의 사상은 동일성과 합일을 전제로 하여 부정적인 힘의 작용의 반작용으로 흐름을 만들어 내는 효과에 주목할 뿐이다. 즉, 헤겔의 흐름의 사상은 공동체에 전혀 도움이 되지 않는다. 오히려 그의 비판적이고 부정적인 작동 방식으로서의 변증법은 공동체를 와해시키고 분열시키기 때문이다.

공동체의 사랑과 욕망의 흐름은 서로를 같아지게 만드는 것이 아니라, 차이와 다양성으로 더욱 달라지게 만드는 원천이다. "사랑할수록 같아지는가? 닮아지는가? 달라지는가?"라는 질문이 던져지면, 동일성의 철학은 "사랑할수록 같아진다"고 대답할 것이다. 그에 반해 커먼즈의 철학은 "사랑할수록 닮아진다"고 할 것이다. 그런데 공동체는 사랑과 정동, 연대의 과정에서 사방으로 분기(分岐)하듯 '차이를 낳는 차이'로 흐름을 변모시킨다. 마치 장터나 공동체 시장에서 사람들은 중언부언하듯 날씨 이야기, 연예 이야기, 기후 이야기들을 각자가 서로 딴소리를 하듯 한다. 그래서 전혀 연관이 없는 비유기적인 소재가 이야기가 진행되다 보면 공감대에 기반하여 묘한 일관성을 갖게 되는 것이다. 이를 일관성의 구도(plan of consistence) 혹은 고른판이라고 부르는데, 이는 흐름의 과정이 비유기적인 것 사이를 연결하는 횡단선을 그려냈기 때문이다. 사랑할수록 차이와 다양성의 생태계가 조성되어 그 안에서의 정동의 흐름은 2차적 차이를 만드는 원천이 될 수 있다. 이러한 창조와 생성의 판은 사실상 "사랑할수록 달라지자"는 욕망의 철학, 차이와 다양성의 철학인 셈이다.

그런 점에서 공동체에서의 흐름의 사유는 횡단성의 사유일 수밖에 없다. 흐름을 화음으로 지칭한다면 울림이 떨림이 되고 박자와 리듬이 어우러져 공명이 되는 과정으로도 얘기해 볼수 있다. 그 진동판이 동조화되는 과정을 동일성으로 식별한다면 사실상 통보, 정보 전달, 단조로운 박자 맞추기, 일방적인 명령, 의사소통적 합리화 과정 등과 같은 동질적인 집단에서의 변조로만 그칠 것이다. 그러나 진동판은 각기 다른 화음으로 울리면서도 함께 어우러져 거대한 다성화음적인 하모니와 리토르넬로(ritornello)를 이루는 과정이라고 할 수 있다. 즉, 울림판은 미세한 차이를 그저 전달하는 것이 아니라 차이를 증폭함으로서 서로 다른 음색, 운율, 리듬을 다성화음적인 것으로 만들어 낸다. 그런 점에서 흐름은 수평선이나 수직성이 아니라 비스듬히 연결하는 횡단선이다.

양자적 흐름과 횡단성

흐름의 사유가 다질적인 횡단의 사유로서가 아닌 동일적인 사유로 왜곡되면서 결국 담론 속에서 실종되는 상황에 처하게 되었을 때, 흐름의 사유를 놀랍게 다시 복권한 사람이 있다. 바로 가브리엘 타르드(Jean Gabriel Tard)이다. 그의 책, 『모방의 법칙』(문예출판사, 2012)에서는 모방, 따라 하기, 인기, 유행 등의 흐름에 따라 이리저리 움직이는 군중(la foule)과 뉴스와 서적에 따라 이성적인 사유를 하는 공중(public)에 대한 비교가 나온다. 여기서의 흐름은 사실상 인지부조화에 가까운 사유라고 간주될 수도 있지만, 어찌 보면 합리적일 수도 있다는 것이 타르드의 진단이다. 흐름이 합리적이지 않다고 간주되는 이유는 '표상화=의미화=모델화'의 재인, 재현, 재생산 모델에 따라 움직이는 것이 아니라, '비표상적인 흐름=지도화=메타모델화'에 따라 움직이기 때문이다. 그런 점에서 재인, 재현, 재생산의 논리는 보편어법에 따르는 하나의 획일적인 모델에 따라 효율성(efficiency)을 추구한다면, 흐름의 논리는 다양한 모델을 넘나드는 탄력성(resilience)을 추구하는 방식이다. 효율성보다 탄력성을 추구하게 될 때의 장점은 하나의 의미, 표상, 모델에 얽매이지 않고 쉽게 횡단하고 변화하고 모방하면서 여러 모델과 여러 의미를 넘나들 수 있기 때문이다. 그런 점에서 흐름의 사유는 오류가 나더라도 금방 고치거나 다른 영역으로 넘어가면서 문제를 해결하는 등의 융통성, 회복력, 완충성 등이 생기게 되는 것이다.

이렇듯 흐름의 사유는 여러 모델을 넘나든다. '음악 감상'의 모델과 '게임하기'의 모델과 '거래하기'의 모델을 부드럽고 매끄럽게 넘나드는 인터넷 서핑과도 같다고 생각해도 좋을 듯

하다. 이를 메타모델화라고 부른다. 예전 공동체 밥상에서 고등어 한 마리가 나왔을 때, 사람들의 생각 속에 기하학 모델, 수학 모델, 사회학 모델, 윤리학 모델, 정치학 모델 등이 교차하면서 부지런히 살을 떼어 먹었던 것을 상상해 봐도 좋겠다. 다시 말해 한 사람이 정신적으로 어려워졌을 때, 정신분석이라는 하나의 모델로만 해결하는 것이 아니라, 정신분석, 선 수련, 명상, 인지 치료, 요가 등등을 넘나들면서 이를 매끄럽게 횡단하는 것이 흐름의 사유이다. 그러나 서로 다른 모델이 비유기적일 수밖에 없고 자체 논법과 반복 양상이 모두 다른데 어떻게 흐름이 형성될 수 있을까? 그 점에 대한 문제제기는 흐름의 색다른 지평으로 인도한다.

사랑, 욕망, 정동, 돌봄의 흐름

흐름이 매끄러운 횡단을 하게 되는 것은 반복과 반복, 표상과 표상, 모델과 모델, 문제설정과 문제설정을 매끄럽게 연결해 주는 정동(affect)이라는 이행 양식이자 변환 양식이 있기 때문이다. 여기서 정동은 표상에서 촉발된 정서(affection)와 달리, 표상과 표상의 이음새 역할을 하면서 동시에 정서 변환 양식으로 자리 잡는다. 포크와 칼은 표상에서 촉발된 정서의 입장에서 볼 때 공포와 두려움의 영역에 있다고 간주될 수 있다. 그러나 표상과 표상의 이음새 역할을 하며 정서를 변환시키는 정동의 입자에서 볼 때 그렇게 뾰족하고 날카로운 포크와 나이프라도 냅킨 위에 바르게 정렬된다면 '맛있다'로 이행하여 식사 시간으로 정서를 변환시킨다. 정동은 배열, 정돈, 수선, 배치, 정렬 등을 한다는 점에서 미학화된 돌봄으로 나타날 수 있다.

정동의 흐름은 사랑의 무한한 잠재성과도 같다. 강도, 속도, 온도, 밀도가 전(前)개체적인 흐름으로 순환되기 때문에 그 에너지와 힘은 공동체에게 엄청난 활력으로 다가온다. 또한 재귀적으로 '사랑할수록 사랑의 능력이 증폭되는 것'이 정동노동의 모습이다. 물론 감정노동의 경우에는 '외면적으로 친절하지만, 자신의 감정 하나를 고착시켜야 하기 때문에 엄청난 에너지의 소진이 있는 것'이라는 점에서 사랑의 유한성 테제에 가깝다. 우리는 질문을 던질 수 있다. 정동노동의 경우처럼 사랑은 무한한가, 감정노동처럼 사랑은 유한한가? 그런 점에서 정동의 흐름이 갖고 있는 무한한 잠재성에 대해 착목하는 플랫폼 등과 같은 다양한 문명의 시스템들이 작동하고 있다.

마을과 공동체에서의 활력은 어디로부터 유래되는가? 먼저 자원 때문에 활력을 발휘하는 사람이 있을 수 있다. 이는 성장주의 시대에는 자원이 어떻게 배분되느냐에 따라 활력으로서의 정동의 강도가 차이가 나는 상황이었다는 점을 의미한다. 프로젝트가 수행되면 맥락과 배치에도 없는 사람들이 다가와서 그 일만 해내고는 마을의 관계망 성숙에 아무런 도움이 안 된 채 떠나버린다. 그런 점에서 자원으로부터 오는 그 활력은 굴절된 자본주의적 욕망과 함께 다가온다. 그러나 활력의 원천은 사실은 삶과 신체에서 유래된 맛, 이미지, 표정, 몸짓, 냄새, 색채, 음향과 같은 기호작용의 반복이 만들어 낼 수 있다. 삶의 과정에서의 기호의 반복이 에너지가 되는 특이점이 성립되는 것이다. 삶과 신체로부터 유래한 기호작용의 반복이 마치 염불이나 기도 행위처럼 재귀적이고 순환적인 반복의 양상이 지속될 때 활력과 에너지가 비로소 생성될 수 있다. 그런 점에서 우리는 삶과 신체로부터 유래된 인력 에너지인 정동이 갖고 있는 잠재성과 가능성에 주목할 수밖에 없다.

정동의 흐름은 어디에서 발생해서 어디로 향할지, 미리 결정되어 있지 않기 때문에 경우의 수에 따르는 확률론적인 면모를 갖고 있다. 그렇기 때문에 사랑, 욕망, 정동의 흐름이라는 확률론적인 것(=경우의 수)에 자원-부-에너지의 흐름이라는 함수론적인 것(=산술적 수)을 실어 보내면, 정동의 선도성과 혁신성이 잘 드러나게 될 것이다. 왜 우리가 산술적 수보다 경우의 수에 주목하는가 하면 그것이 문명의 선택지이기 때문이다. 성장주의 시대는 산술적 수의 주도성 속에 경우의 수를 종속시켰던 문명의 형태였다. 그렇기 때문에 규모의 경제나 효율성, 속도 등이 사랑, 욕망, 정동의 흐름을 포획하고 그 성장의 논리 안에서만 가냘프게 흐름을 발생시키도록 했다. 정동의 흐름이 반복의 형태로 특이점을 형성하면 그것은 문명의 선택지가 된다. 이를테면 노숙인에게 밥을 한 끼 호의로 해주는 것이 아니라, 정기적이고 여러 번 반복해서 해주면 노숙인에게는 자신의 선택지 중 하나 다시 말해 경우의 수 중 하나가 되는 것과 같은 원리이다.

플랫폼자본주의와 흐름의 잉여가치의 약탈

최근 정동의 흐름이 갖고 있는 잠재성에 주목하면서 흐름의 잉여가치를 탐색하는 유형의 자본주의 유형이 등장했다. 플랫폼자본주의, 정동자본주의라고 불리는 유형의 자본주의의 새로운 양상이다. 구글, 넷플릭스, 유튜브, 페이스북 등의 플랫폼에서 사람들이 정동을 발휘하고 울고 웃고 즐기다 보면 그 이득은 모두 플랫폼이 가져간다. 이에 따라 기존의 공동체가 했던 역할과 기능을 플랫폼이 모방하는 국면에 직면한다. 원래 흐름의 잉여가치의 영역은 늘 대안 세력의 영역이었다고 할 수 있다. 정동의 흐름에 따라 전환 사회가 형성된다는 신념이 대안 세력에게는 자리 잡고 있었다. 이를테면 내발적 발전(endogenous development) 전략만 보더라도 그렇다. 공동체 내부에서의 거래 양식이 호혜적인 형태로 내부에서 순환되면 시너지를 발휘할 것이라는 것이 내발적 발전 전략의 원리이다. 그런데 이제 그 역할을 플랫폼이 갈취하고 있는 상황이다.

플랫폼자본주의 유형의 자본주의는 산업자본주의, 금융자본주의, 인지자본주의 그 다음으로 형성되었다. 인지자본주의의 코드의 잉여가치(surplus of code) 유형의 착취 방식은 정동의 흐름의 외부에서 '코드화=의미화=가치화'를 통해 추출하고 채굴하는 유형의 자본주의였다. 코드의 잉여가치는 서로 상관없는 두 영역 사이를 연결하는 코드가 잉여가치의 원천이 된다는 점에 대해서 적시이다. 들뢰즈와 가타리는 『천 개의 고원』(새물결, 2001)에서 말벌과 난초가 모의 성교하는 과정에서 코드의 잉여가치 현상을 발견했다. 그 항목으로는 1) 젠트리피케이션(gentrification), 2) 대기업 골목 상권 진출, 3) 집단지성 갈취를 통한 기계적 잉여가치, 4) 1세계와 3세계 간의 분리차별 등의 항목이 있다. 그런데 코드의 잉여가치는 인지자본주의가 갖는 지극히 합리화되고 의미화된 논리를 장착하고 있었다. 그러나 정동자본주의 유형으로 이행한 문명의 인지부조화라고 할 수 있는 모방, 따라 하기, 유행, 트렌드 등의 흐름을 만듦으로써 그 안에서 수많은 인플루언서들을 만들어 내고 있다. 그런 점에서 인지자본주의 국면과 정동자본주의 국면은 엄밀히 차이를 갖는다. 다시 말해 인지자본주의에서 자본은 정동의 흐름 외부에서 추출과 채굴의 태도를 취했다면, 정동자본주의에서 자본은 정동의 흐름 자체를 유통되는 판을 개설하는 역할을 한다.

정동자본주의가 흐름의 잉여가치를 추구하는 방향으로 흘러가면서, 사실상 정동의 흐름이 순환하고 유통되는 판과 구도가 플랫폼인지 공동체인지를 식별하는 것이 새로운 과제가 된다. 플랫폼의 경우에는 공동 이용으로서의 쉐어링(sharing)으로 판을 깔지만 그것이 공동 소유인 커머닝(commoning)으로 가지 않고, 사적 이득의 취득으로 남는다. 결국 외양상으로는 플랫폼과 공동체 및 커먼즈가 전혀 차이가 나지 않는다 하더라도 공동의 규칙을 갖고 공동 소유와 공유자산으로 부의 흐름이 움직이는지를 살펴보면 엄밀하게 차이가 있는 셈이다. 그런 점에서 플랫폼자본주의의 개막은 공동체 운동에게 있어서는 하나의 기회가 아니라, 판의 주도성 전부를 빼앗길 위기의 상황에 직면한다고 할 수 있다.

흐름과 강렬도

정동의 흐름이 강렬해지면, 가수가 아닌데도 노래를 부르고, 아나운서가 아닌데도 사회를 보고, 댄서가 아닌데도 춤을 준다. 흐름의 강렬도에 감응한 사람들을 주체성(subjectivity)이라고 부른다. 주체성은 주체(subject)처럼 책임, 믿음, 역할, 직분, 기능에 따라 움직이는 사람이 아니라, 흐름의 강렬도가 만든 이색적인 사람들이다. 주체성은 사랑, 욕망, 정동, 돌봄, 삶, 살림에 입각한 사람들이다. 그런 점에서 어떤 기능이나 기관이 주어지지 않았는데도 불쑥불쑥 팔 역할, 다리 역할, 머리 역할을 하는 사람들의 출현과 관련되어 있다. 이를 들뢰즈와 가타리는 유기체(organism)에 대항하는 기관들 없는 신체(body without organs)라고도 하는데, 유기적인 관계 양상으로서의 기관원처럼 바뀐 전체주의 사회가 아니라 조각조각이 생성적이고 출현적인 신체 양상을 띠는 것이 공동체의 판이라는 점에 대한 적시이다. 동시에 이를 칼 폴라니는 브리콜라주(bricolage)의 신체 양상이라고 했는데, 공동체 사람들은 능숙하게 주변의 소재를 활용해 색다른 것을 생성시키는 예술 활동과 같은 판을 짠다는 의미이다.

사실 공동체의 판에서 생성되는 주체성은 모두가 판 짜는 자라는 점에서 선수이기는 하지만, 그 흐름의 강렬도에 맞춰 처음 해보는 동작과 행동을 하면 모두가 아마추어이고 어색하고 서툴다. 여기서 흐름의 강렬도의 증폭 부분은 사실상 국지적인 영역에서의 재귀적인 상호작용의 과정에 달려 있다. 그런 점에서 공동체의 각 부위는 벌집 유형의 모듈로 이루어져 있어서 마치 술자리 옆 사람처럼 곁과 가장자리에 서 있는 사람과 국지적이고 즉각적으로 강한 상호작용을 한다. 그러나 강한 상호작용은 센터에서 통제하려는 사람들을 초과하는 현실을 만들어 낸다. 이에 따라 갑자기 자리에서 일어나 춤을 추고 노래하는 등의 행위 양식을 보이는 이유는 공동체의 판이 강렬한 정동이 흐름을 형성하는 판이기 때문이기도 하지만, 사실상 가장 가까이에 있는 모듈 단위의 강한 상호작용이 어우러졌기 때문이다.

그런 점에서 정동의 흐름은 정동의 상호작용과 보완적인 영역이라고 할 수 있다. 정동의 흐름은 그냥 스쳐 지나가는 바가 아니라, 국지화되면서 강한 상호작용으로 향한다. 그러나 정동의 흐름과 정동의 상호작용 간에는 심원한 차이가 있다. 정동의 흐름은 너와 나 사이에 너일 수도 나일 수도 있는 '우리 중 어느 누군가'라는 혼재면(混在面)의 발생과 관련되어 있다. 이에 따라 혼합현실, 중간현실 등이 등장해 흐름을 전염시키고 확산시킨다. 그러나 정동의 상호작용은 국지적인 영역에서 너와 나를 구분하면서도 강한 피드백을 통해 흐름에 감응해 구체적인 돌봄이나 살림의 영역으로 구현한다. 다시 말해 혼재면을 만들어 내는 것이 공동체의 판이라면 강한 상호작용을 만들어 내는 것은 공동체의 판 위에 있는 벌집 유형의 모듈이라고 할 수 있다. 이에 따라 정동의 흐름이라는 망원경과 정동의 상호작용이라는 현미경을 교차하면서도 응축과 팽창이라는 역동적인 미시정치가 이루어지는 과정에서 정동의 흐름은 강렬해지고 더욱 증폭된다. 이에 따라 불쑥불쑥 주체성이 생산되고 그 일을 해낼 사람이 만들어지는 것이다.

정동의 흐름은 흐름의 잉여가치 양상으로 플랫폼자본주의에 포획되었다 하더라도 완전히 포획될 수 없는 이유는 바로 정동의 강한 상호작용이 만든 초과현실, 잉여현실, 중간현실이 갖고 있는 미시정치의 역능이나 돌봄 모듈의 능력을 플랫폼이 모두 다 포획할 수 없기 때문이다. 정동의 순환과 흐름은 새로운 공동체의 지평으로 우리를 인도한다. 우리는 그 모든 흐름의 강렬도를 담아낼 수 없으며, 모듈의 국지화를 통해 이에 감응할 뿐이다. 정동의 흐름이라는 대안 세력의 전망은 여전히 포기할 수 없는 공동체 운동의 전략적인 영역이라 할 수 있다.

3장

배치, 동적 편성의 재배치로서의 미시정치

꿈 내용이 아닌 꿈자리로부터 시작된 배치

앞서 이태영 님은 "누가 주민인가"라는 질문을 던졌다. 공동체에서는 배치를 형성할 수 있는 모든 인간/비인간 존재가 바로 주민이라고 할 수 있다. 배치(agencement)라는 개념은 공동체의 관계망과 위상 등과 유사한 개념으로 사용되고 있다. 배치를 살핀다는 것은 자신이 선 자리와 위치, 사물, 자연, 생명과의 관계 맺음을 살피는 것이라고 할 수 있다. 배치는 공동체적 관계망이 갖고 있는 다채로운 접촉경계면들이 하나로 어우러져 하나의 조감도와 같이 장소, 관계, 의미, 정동을 살필 수 있는 관계성좌를 형성하는 것이기도 하다.

배치 개념의 출발점은 청년이었던 펠릭스 가타리가 장 우리(Jean Uri) 박사에게 꿈에 대해 상담할 때의 삽화로부터 시작된다. 전날 악몽을 꾸었던 가타리가 장 우리에게 꿈 내용을 한 시간 얘기하면서 스스로의 분석을 늘어놓을 때 장 우리는 의외로 시큰둥한 반응으로 이 얘기를 듣는다. 그러고는 "왼쪽으로 누워 자니? 이제 오른쪽으로 누워 자, 그럼 돼"라고 한 마디를 한다. 이는 꿈 내용이 아닌 꿈자리를 중시하는 태도이며, 결국 꿈자리가 뒤숭숭했을 때, 배치를 바꾸면 된다는 굉장히 자율적인 태도인 셈이다. 결국 이는 가타리의 배치에 대한 아이디어와 단상이 되었다.

공동체에서는 이런 질문이 던져진다. "자리가 사람을 만드는가? 사람이 자리를 만드는가?"라는 질문이다. 공동체의 배치는 자리라고도 불리며, 그 자리에 맞는 사람으로 만듦과 동시에 자리 자체를 만드는 실천을 하는 사람을 배태하고 있다. 결국 자리가 사람을 만드는 측면이 과도하게 사유되면 구조주의적 사유에 빠지겠지만, 사람이 만든 자리라는 점에서 배치와 유사한 지평을 그려나갈 수 있는 여지가 생긴다. 결국 자리를 구조가 아닌 배치로 사유하는 것이 공동체적 관계망의 방식이라고 할 수 있다. 구조는 불변항이지만, 배치는 유한하고 망가지고 찢어질 수 있는 실존이 만든 관계망이라고 할 수 있다. 구조는 전부를 거부해야 하지만, 배치는 재배치를 통해 자율성을 획득할 수 있다.

그런데 위상, 자리, 위치, 배열, 배치 등의 사유 속에서 우리가 조심해야 할 것이 바로 권력의 배치(dispositif) 역시도 함께 작동한다는 점이다. 미셸 푸코가 얘기했던 것처럼 미시권력의 배치는 권력의 네트워크가 만들어 내는 효과이다. 우리는 어떤 사람이 '자신이 그 일을 해냈다'라고 자랑할 때 그것이 권력의 배치가 가진 힘이 한 것인지, 아니면 돌봄, 정동, 사랑, 욕망의 배치(agencement)가 한 것인지에 대한 예민한 감광판, 다시 말해 일종의 감성적인 판단이 필요하다. 결국 권력의 위상학과 욕망의 위상학의 차이를 가지면서 공동체적 관계망에 들어와 있다. 그렇기 때문에 권력이 아닌 욕망과 정동이 해냈던 일은 대부분 판 짜는 자로서 배제되거나 중요성이 간과되기 일쑤이지만, 사실상 그것의 배치 자체를 설립한 기본적인 원천이라고 할 수 있다. 이를테면 정동노동, 돌봄노동은 배치의 판을 짜는 기본적인 활동으로서 그 중요성을 반드시 짚고 넘어가지 않는다면, 권력의 네트워크가 그 일을 해주게 만들었던 주인공 담론이나 '나서는 자'만의 세계만을 선망하게 되는 결과를 낳을 것이다.

마음, 언어, 행동을 결정하는 배치

배치는 마음의 자리이기도 하다. 마음의 내용이 담고 있는 구성을 살펴보면 배치에서 나온 것이라는 점을 잘 알 수 있다. 배치를 살피는 행동은 결국 마음을 살피는 행위이다. 마음 둘 곳이 없는 사람이라는 것은 결국 배치를 형성하지 못하고 고독하게 살아가고 있는 사람이라는 뜻이다. 마음의 배치는 보이지 않는 것으로서의 공동체의 관계망 그 자체이다. 배치를 바꾸지 않고 마음을 바꾼다는 것은 있을 수 없다. 현행의 심리치료의 과정은 외부로부터 격리되고 안전한 진공상태의 공간에서 상담자와 내담자가 1:1 대응을 이루어 고민거리나 걱정거리, 트라우마 등을 상담한다. 그러나 이러한 상담실의 배치 속에서 그 당시에는 해방감과 깨달음을 얻을 수 있을지 모르나, 진정으로 문제가 되고 있는 기존 배치로 돌아가면 사실 고민거리였던 문제가 그대로인 경우가 많다. 결국 배치를 바꿈으로써 마음을 바꿀 수 있는 것이기 때문에 마음을 관념상으로만 바꾼다고 문제는 해결되지 않는 것이다. 상담의 과정은 배치의 재배치를 위한 미시정치의 장이 되어야 하는 것이다. 그런 점에서 마음은 깊은 것이라기보다는 배치에 들어붙어 있는 얇은 것이라고도 볼 수도 있다. 결국 배치를 바꿈으로써 마음을 바꿀 수 있는 것이기 때문에 마음을 관념상으로만 바꾼다고 문제는 해결되지 않는 것이다. 그런 점에서 마음은 깊은 것이라기보다는 배치에 들어붙어 있는 얇은 것이라고도 볼 수 있다.

또한 배치는 언어 자체를 만들어 낸다. 가게 점원에게 하는 말과, 아버지에게 하는 말과, 공동체 사람들에게 하는 말, 아내에게 하는 말은 모두 배치에 따라 다를 수밖에 없다. 그렇기 때문에 언표는 동질적이라기보다는 다질적인 천 개의 가면을 가진 것이라고 할 수 있다. 다질적인 언어 중에서 표준말이라는 통사법이나 문법적인 영역은 배치가 갖고 있는 다질성을 하나의 준거에 입각하여 스냅사진처럼 화석화하고 동질적인 것으로 만들고 동시에 이를 강제할 수 있도록 보편화하려는 시도이다. 모든 언어는 공동체적인 관계망으로서의 배치에 따르며, 소수언어인 셈이다. 소수언어는 다수언어의 주변에 있으며, 다수언어의 권력담화의 방식을 따르지 않는 자유로운 표현의 영역이다. 방언, 크레올어, 피진어, 지방언어, 활동가 용어, 아이 언어, 인테넷 용어 등이 소수언어에 속한다. 특이한 점은 소수자가 을(乙)로서 권력의 배치에 노출되는 경우에 그 성격이 다르게 표현된다는 점이다. 이를테면 텔레마케터나 영업사원, 부하직원과 같은 감정노동자들이 비교적 표준말을 구사한다는 점이다. 이는 자신이 다수자와 만날 때 권력담화의 희생양이

되지 않도록 방어적인 태도를 취한다는 점에 이유가 있다. 다시 말해 권력의 배치에 소수언어 역시도 영향을 받는 것이다. 또한 아이들의 경우에는 전화언어와 부모와의 만남에서만 표준말을 사용하지만, 대부분 아이들끼리는 자신들만의 언어를 사용한다. 이는 소수언어를 사용하는 아이들의 언어가 주류 어른 사회의 권력의 배치에 영향을 받고 있음을 의미한다.

배치는 행동을 결정한다. 어떤 행동을 할 때 무정형의 행동양식을 보일 수 없는 이유는 배치가 서로서로를 견제하고 균형을 맞추는 것 때문이기도 하다. 동시에 공동체의 판이 뜨거워지고 배치에서 정동이 활성화될 때 공동체에서 발의 역할을 하는 사람이 불쑥 생성되고, 머리 역할을 하는 사람이 불쑥 생성되고, 팔 역할을 하는 사람이 불쑥 생성된다. 그런 점에서 행동양식은 배치의 강렬도에 깊은 영향을 받는다. 권력의 배치는 행동을 딱딱하게 얼어붙게 만드는 원천이지만, 공동체 관계망의 사랑과 정동의 배치는 행동을 유연하게 만듦과 동시에 엄청난 상냥함과 놀랄 만한 부드러움으로 향하게 만든다. 모든 문제는 "하라! 하라!"라는 말처럼 특이한 행동을 누군가 하는 순간 이와 연결되어 있는 배치 속에 있는 사람들은 태도와 자세, 관계 맺는 방식을 바꿀 수밖에 없다는 점에 있다. 다시 말해 배치는 과거형이 아니며 행위양식에 따라 설립되는 미래진행형의 판과 같다고도 할 수 있다. 능동적인 주인공과 수동적인 관객이나 대중이라는 이분법이 아니라, 배치가 갖고 있는 n개의 차원의 획기적인 변화를 초래하기 위해서는 배치와 연결되어 있는 행위양식에 있어서 어떻게 '특이성 생산'을 할 것인가의 여부에 달려 있다. 결국 배치는 자리와 같은 관계성좌로서 행위양식을 규정내리는 구조주의적 방식으로 머물러서는 안 되며, 배치와 특이성 생산으로서의 행동의 공진화와 동시변화, 공동생산(Syn-poiesis)이 가능하다는 점을 함께 사고되어야 한다. 이런 점에서 배치의 재배치의 자율주의적인 구도가 가능한 것이다.

집합적 배치와 혼종적 주체성

집합적 배치는 공동체적 관계망을 설명할 때 등장하는 단어이다. 여기서 집합의 의미를 다시 살펴봐야 할 것 같다. 공동체에서는 사물, 자연, 인간, 동물, 기계, 미생물 등이 어우러져 집합을 이루고 혼재면을 형성한다. 이 속에는 다양한 도표와 수식, 그래프 등의 비물질적인 것도 포함되고 사랑, 욕망, 정동, 감응, 돌봄 등의 영역도 포함된다. 그러한 것들이 결집하여 배치를 이루는 것이 집합적 배치이다. 다른 개념으로 언표 행위 집합적 배치라는 개념도 사용하는데, 이는 언표 행위 주체(말하는 나)와 언표 주체(말 속의 나)의 분열이 집합적 배치 속에서 통합된다는 점에 대한 적시이기도 하다. 그 집합에 개입하는 사물, 자연, 우주, 기계, 미생물들은 다채로운 접촉경계면 사이마다 이야기 구조를 형성한다. 사실상 무의식적 차원의 영역이라고 할 수 있지만, 판 짜는 과정은 섬세하게 그러한 집합적 배치를 살피는 것으로부터 출발한다. 그날 회의가 잘 안 된 이유는 가습기를 안 틀거나 깜빡 난로를 틀어두고 창문을 조금 열지 않아 졸렸기 때문일 수도 있다. 그 모든 습도, 온도, 조도, 명도 등도 집합적 배치에 포함된다.

결국 배치 속에서 등장하는 주체성은 혼종적 주체성이다. 사물로부터 유래한 마음, 기계로부터 유래한 마음, 생명으로부터 유래한 마음 등 여러 마음이 생태계를 조성한 것이라고도 할 수 있다. 잡동사니와 같은 마음은 균형과 조화를 이루고 생태계를 이루는데, 정돈, 배열, 배치, 정렬을 하는 정동의 작용 덕분이다. 혼종적 주체성은 사실상 그것이 생명일 수도 있고, 사람일 수도 있지만, 그것의 유래가 사물, 자연, 기계로부터 시작했는지, 아니면 인간의 마음으로부터 시작했는지가 모호하다. 그것이 혼재면 속에서 너일 수도 나일 수도 있는 다소 모호한 영역을 그리기 때문이다. 그것을 가타리는 기계적 무의식이라고 한다. 기계적 무의식은 부부의 침실에도 텔레비전에도 축구경기장에도 기후증후에도 서식하는 마음이라고 일컬어진다. 그것은 사물, 기계, 생명에 들어붙어 있는 마음이며, 사실상 서로 섞여서 누가 먼저라고 할 수 없는 마음이라고 할 수 있다. 우리는 혼종적 주체성 양상 속에서 "내가 한 것인가? 그것이 나를 하게 만들었는가?"라는 것을 따지지 않는 기계적 무의식의 역설 속에서 집합적 배치를 개방한다.

결국 배치를 잘 살피는 것은 배치 속에서 들어오는 광대역의 무의식에 대한 민감성을 갖는 것이라고 할 수 있다. 처음에 소수자의 인공자연 즉 커먼즈가 등장할 때 사람들의 마음속에는 애니미즘적인 사유 체제가 생겼는데, 이는 사물, 자연, 기계, 미생물 속에 생명력을 두는 것이며, 그것이 유발하는 광대역의 무의식 자체를 살아 있음으로 느끼는 것이었다. 결국 광대역의 무의식이 들어오는 감각과 0.3초가 늦게 반응하고 이 중에서 필터링을 거쳐 뻔한 것으로 만드는 지각 사이에는 심원한 차이가 있다. 결국 광대역의 무의식 자체를 온전히 받아들이는 것은 감각을 재발명하는 것이라고도 할 수 있는 것이다. 그리고 그러한 감각의 발명은 집합적 배치가 만들어 내는 섬세한 생태민감성을 재창안하는 것이기도 하다.

배치와 관계망에서의 판 짜는 자와 나서는 자

배치에서 정동의 강렬도가 뜨거워지면 나서는 자들이 발생한다. 이를 주체성 생산이라고 부른다. 이러한 주체성 생산은 그 일을 해낼 사람을 만드는 과정을 의미한다. 결국 사회 시스템을 바꾸기 위해서는 주체성 생산이 필요한 셈이다. 얼마나 배치가 강도, 온도, 속도, 밀도의 측면에서 강렬한 정동을 발휘하느냐가 관건이라고 할 수 있다. 나서는 자는 기존에는 전문가로서의 주인공 담론으로 비화되었다. 그러나 그것을 해낼 사람은 정규 아카데미 과정에서 훈련된 사람이라기보다는, 공동체의 판에 감응하여 나서는 사람들이 대부분이다. 그런 점에서 공동체에서는 그 판을 짜는 사람이라는 점에서 선수지만, 처음 해본 일에 나서는 사람이 된다는 점에서 아마추어의 판이라고 할 수 있다.

일단 배치를 뜨겁게 하기 위해서는 판 짜는 자의 노력이 대부분 보이지 않는 영역에서 자리 잡고 있다. 판 짜는 자는, 스튜어드십(stewardship)으로서 기꺼이 양육자가 되려는 사람이거나, 서번트십(servantship)으로서 기꺼이 밑받침이 되려는 사람이다. 그러나 문제가 되는 것은 나서는 자들이 혼재면 속에서의 강렬도에 따라 행동에 나서려고 할 때 대부분 판 짜는 자의 도표적 의식(diagrammatic consciousness) 속에서 준비되고 있다는 사실이다. 그러나 문제가 되는 것은 나서는 자들이 혼재면 속에서의 강렬도에 따라 행동하려 할 때 대부분 판 짜는 자의 도표적 의식 속에서 준비되고 있다는 사실이다. 그날 공동체에서 나서는 자는 그 판을 뜨겁게 만들기 위해서 음식을 하고, 정리정돈을 하고, 여러 가지 그림을 붙였던 사람의 의식 속에서 구상된 것이라고도 할 수 있다. 이렇듯 지도제작 하면서 판을 짜는 사람의 의식의 중요성은 결국 공동체의 판 자체의 특징을 깨닫고 준비하고 도모하고 부추기는 사람들의 깨어남이 중요하다는 점을 의미한다. 다시 말해 나서는 자가 깨어 있는 사람이 아니라, 판 짜는 자로서 도모하는 자가 깨어 있는 사람인 경우가 공동체에서는 허다한 것이다. 결국 돌봄의 과정은 기나긴 판 짜기의 반복을 통해 나서는 자를 도모하는 생명과 자연의 약속이다.

'꽃피는 성운'과 관계성좌에 대한 사랑

프루스트의 『잃어버린 시간을 찾아서』에서는 관계성운을 사랑해 버린 미친 남자의 이야기가 나온다. 처음에 그 남자는 새처럼 지저귀는 아가씨들의 성운에 매료되어 그중 한 여자와 결혼을 한다. 그러나 권태기 들어서 그 남자는 자신이 사랑한 것이 한 사람이 아니라, 관계성좌였다는 사실을 깨닫는다. 이러한 집단적인 배치가 갖고 있는 리듬, 화음, 선율은 사람들로 하여금 그 관계성좌에 매료되게 만드는 비밀이다. 개인으로 분해되어 무기력했던 사람들조차도 관계성좌 속에서 힘이 생기고 에너지가 넘친다. 이를 통해 주체성 생산이 이루어지는 것은 관계망 창발의 힘이기도 하다.

관계성좌와 사랑에 빠지는 것은 결국 두 집단 간의 혼종적인 결연의 관계를 형성하는 것이기도 하다. 이종적인 집단이 서로 이질발생되는 과정은 결국 두 집단 간의 평행선을 툭 건드리는 편위운동이 소용돌이를 일으켜 화음을 만드는 과정으로서의 클리나멘이라는 우발성의 효과일 수도 있다. 결국 판자체는 어떤 관계를 맺느냐에 따라 달라지는 것이고 그것이 관계성운의 비밀이기도 하다. 집단과 집단 사이를 넘나들며 관계 맺기의 방식을 바꾸는 것은 강렬도를 만들어 내는 낙차 효과의 비밀일 수도 있다. 꽃피는 성운은 결국 관계성좌 즉, 집합적 배치가 갖고 있는 미학적인 면모와 정동해방의 가능성과 접속하게 한다.

배치의 재배치로서의 미시정치

결국 우리가 주목하는 것은, 구조변화 이전에는 불변항이기 때문에 혁명 이전에는 무기력하기만 한 개인이 되어버리는 구조혁명가의 모습이 아니라, 죽음, 끝, 유한성 속에서 실존적 영토를 만들고 있는 찢어질 수도 망가질 수도 있는 유한한 관계를 맺는 배치에 입각한 미시정치가의 모습에 있다. 결국 구조를 바꾸는 거시정치가 아닌 배치를 바꾸는 미시정치가 공동체적인 관계망에서의 욕망의 자주관리, 욕망의 미시정치의 원동력이다. 욕망의 미시정치는 모든 것을 집합적 배치의 판 위에 올려놓는다. 성, 약물, 게임, 도박, 스포츠 등을 판 위에 올려놓고 배치를 재배치하는 집단적 실험에 몰두한다. 이는 불변항의 구조 앞에 무기력한 개인이 아닌 관계성좌의 정동의 강렬도 속에서 힘과 능력을 발휘하는 유능한 공동체 활동가들을 생산한다. 자신의 생각, 언어, 행동을 자기 자신과 함께 배치와 관계망이 공동생산한 것이라고 생각하는 사람에게, 자기 자신을 바꾸는 문제를 자신에 국한된 것이 아니라 배치의 재배치를 위한 삶의 방식과 윤리적이고 미학적인 태도 변화에 두는 것은 당연한 것이다. 동시에 각각의 주체성 간의 거리 조절이 갖는 배치 효과와 역학관계에 대한 실험 역시도 함께 수반될 것이다. 공동체는 사람들을 뻔하게 보는 것이 아니라, 혼종적 주체성으로서의 그것이 갖고 있는 집합적 배치 속에서 조망한다. 이에 따라 사람들의 잠재성과 깊이의 영역이 미래를 향해 열리는 것이다.

결국 판 짜는 자인가, 나서는 자인가는 그리 중요치 않다. 우리는 공동체의 관계망인 집합적 배치의 판을 깔고, 배치를 재배치함으로써 세상의 변화를 이끌 수 있는 작은 모듈 단위의 횡단과 이행에 주력하는 것이다. 세상을 송두리째 바꾸는 행위 양식은 자신을 변화하는 것, 자신이 관계 맺는 방식을 바꾸는 것으로부터 출발할 수 있다. 다시 말해 한 톨의 도토리가 만든 떡갈나무 숲처럼 작은 모듈 단위에서의 변화를 추구하는 것은 공동체, 사회, 전 지구적인 차원까지 파급될 수 있는 출발점이다. 그러나 그 파급 과정에 대한 이야기 구조는 사실상 집합적 배치 속에 있는 사물, 생명, 자연, 기계, 미생물과 어우러진 혼종적 주체성이 만들어나가야 할 관계성좌의 이야기들이다.

삶 자체를 바꾸는 것은 배치를 재배치하는 것으로부터 출발할 수 있다. 자신을 둘러싼 둘레환경의 변화를 추구하기 위해서는 먼저 자신과 연결망을 형성하는 것으로부터 시작해야 한다. 다시 말해 나무의 둘레환경은 숲 생태계의 조성으로부터 출발해야 하는 것이다. 이러한 관계망과 배치로부터 출발하는 방식은 자신이 놓인 생각, 언어, 행동의 판을 배치 속에서의 관계 맺는 방식 위에 놓고 실험하고 실천하는 과정일 것이다. 이야기 구조의 위기, 상상력의 위기, 마음의 위기에 처한 문명의 상황에서 집합적 배치의 실험은 상상력과 이야기가 격발되는 색다른 실험이 될 것이다. 코로나 시대로 인해 공동체의 대면 접촉이 불가능해진 상황에서도 2-3인 단위의 모듈은 여전히 건재하며 집합적 배치의 미시적인 영역으로 자리 잡고 있다. 삶을 바꿈으로써 문명의 전환에 심원한 영향을 주는 것 자체가 그것이 욕망의 미시정치의 목표이며, 삶의 전환, 문명의 전환, 녹색 전환의 시발점이 될 수 있다는 점에서 우리는 삶의 배치를 놓고 색다른 실천을 가하는 새로운 나서는 자이자 판 짜는 자가 되어야 할 것이다.

4장

일관성의 구도, 가장자리 상황 논증을 넘어

주체와 대상의 신화 속에서의 잉여

앞서 이태영 님은 "사업이 된 공동체"라는 질문을 던졌다. 사업이 되려면 성과가 있고, 주인공이 있고, 의미와 가치가 식별되어야 한다. 그러나 공동체에서는 성과나 주인공, 의미의 신화가 아니라, 웅성거림, 득실거림, 잉여로서의 일관성의 구도가 있을 뿐이다.

근대는 '사회의 실험실화의 과정'으로서 사회의 각 부문 다시 말해 학교, 공장, 군대, 감옥, 병원, 정신병원 등을 실험실 환경으로 만들어 냈다. 여기서 전문가들이 주인공이자 실험자이고, 대중, 아이, 동물, 광인 등이 관객이자 피실험자인 사회의 실험화가 이루어졌다. 이에 따라 대상이라고 간주된 민중, 소수자, 생명, 자연은 배경이 될 수동적인 존재로밖에 사고하지 않았다. 이러한 주인공 담론은 아카데미라는 지식 체계를 통해 더욱 견고하게 유지되었고, 그 전말은 사실상 "당신들은 아무것도 모르고 아무것도 할 줄 하는 게 없다"라는 점을 적시할 뿐만 아니라, 실험의 대상이 될 수동적인 존재라는 점을 적시하는 것이기도 했다. 특히 자동인형처럼 반응하는 학교, 새로운 의학 실험에 동원된 병원, 규율권력에 따라 행동하는 군대와 감옥 등의 상황에서 소수자와 민중의 삶은 실로 초토화되었다고 해도 무방하다.

이런 점에서 공동체적 관계망이 형성했던 커먼즈에서의 수많은 이야기 구조는 주목될 수밖에 없다. 이들 소수자와 민중은 커먼즈에서 아카데미와 차이를 갖는 지식 체계로서의 생태적 지혜를 생산했다. 이와 동시에 수동적인 대상이 아니라 적극적이고 능동적인 실험과 실천을 수행했다. 특히 자연과 생명에 대한 태도에 있어서도 차이가 있었다. 아카데미는 자연과 생명을 대할 때 기술적인 테크네(techne)의 입장에서의 표면을 약탈하고 채굴하고 추출하려 한 데 반해, 생태적 지혜를 가진 장인이나 농부들은 양육으로서의 포이에시스(poieisis) 관점에서 부추기고 도모하는 등의 돌봄을 통해서 자연과 생명을 대했기 때문이다. 자본주의 성립 시기의 인클로저와 마녀사냥 등은 대부분 생태적 지혜라는 독특한 지식 체계에 대한 공격을 의미한다. 탈주술화된 명료한 의식이 있다는 근대의 설정은 사실상 그레고리 베이트슨(Gregory Bateson)에 따르는 파충류의 생각 방식과 비슷하다는 것이라고도 얘기된다.

소수자, 민중의 웅성거림과 소음, 배경화음, 풍경 등은 가십거리조차도 되지 못한 상황이었다. 소수자들의 잡음을 "조용히 해"라는 한 마디로 제압하는 규율권력의 상황이 벌어졌다. 이는 생명과 자연에 대한 태도와도 직결된다. 다시 말해 활력을 발휘하는 것 자체는 이야기 구조에 들어올 수 없다는 것이 전문가라는 주인공들의 발화 양상이었던 것이다. 그런 상황은 성장주의를 거쳐 더욱 심화되는데, 공동체에서의 이웃은 성공을 위해서 지나쳐야 할 풍경으로 간주되면서, 미리부터 그 소음으로부터 벗어난 사적 공간을 설정한 것이다. 자기계발의 논리는 이웃, 친구, 심지어 가족까지도 배제하는 고립무원의 개인을 탄생시켰다. 이를 통해 공동체적 관계망의 판을 무력화하려는 자본주의 문명의 의도는 정확히 관철되었다.

가장자리, 곁, 주변에서 서식하는 일관성

전통적인 공동체에서는 나와 관계하는 너, 혹은 자연, 생명, 기계, 사물 사이에서의 가장자리, 곁, 주변에서 다소 모호한 주체성이라는 혼재면이 발생할 것이라고 보았다. 반대로 근대의 합리주의적 사유방식은 나와 너를 명료하게 구획 짓기로 나눌 수 있다고 보았다. 약간의 절충방식이 '따로 또 같이' 공동체라고도 할 수 있겠다. 근대의 합리주의는 공동체적 관계망이 갖는 "너일 수도, 나일 수도" 있는 주체성(subjectivity) 양상을 미연에 방지하려고 했다. 이는 '네 것도 내 것도 아닌' 커먼즈에 기반한 사유방식일 수 있기 때문이다. 공동체적 관계망이 갖는 "너일 수도, 나일 수도" 있는 주체성(subjectivity) 양상은 미연에 방지된다. 이는 '네 것도 내 것도 아닌' 커먼즈에 기반한 사유방식일 수 있다. 결국 소유권과 재산권을 가진 '바로 그'를 적시하기 위해 사이주체성이나 커먼즈의 가장자리의 사유는 봉쇄되었던 것이다. 그러나 자신의 생각 속에는 사물, 자연, 기계, 생명, 미생물의 가장자리에 들어붙어 있는 생각이 침투해 들어오는 것을 막을 도리는 없다. 그것을 명확하게 구분하는 것은 자아라는 형태나, 프라이버시라는 형태나, 실험실이라는 설정 속에서만 가능하다. 이는 진공상태 속에서 소음, 잡음, 잉여가 침투해 들어오는 것을 막는 이론적인 이상 상태이며, 플라톤이 예견한 이데아 세상이라고도 할 수 있다.

동물해방론을 주장했던 피터 싱어(Peter Singer)는 가장자리 상황 논증이라는 개념을 창안했다. 인간과 동물 사이에 유인원이 있으며, 사실상 유인원은 6세 아동의 지능을 갖기 때문에 모호한 가장자리 상황이라는 점을 적시한 것이다. 그런 점에서 유인원 계획은 유인원부터 동물 실험을 줄여나가자는 생명권 운동이라고 할 수 있다. 마찬가지로 우리는 생명과 사물을 명확히 구분해 낼 수 있다고 생각하지만 그것조차도 모호한 상황에 놓이는데, 이를테면 박테리아는 신진대사를 하면서 복제복사를 하기 때문에 생명이라고 볼 수 있지만, 바이러스는 신진대사는 하지 않으면서도 복제복사를 하기 때문에 생명과 사물 사이의 가장자리라고 할 수 있다는 점을 보더라도 그렇다.

결국 우리가 생각하는 것보다 가장자리, 곁, 주변은 대부분 모든 영역에서 광범위한 자리를 차지하고 있는 셈이다. 그것은 가장자리 효과만 보더라도 그렇다. 가장자리 효과는 가장자리가 가장 강렬도가 높으며, 산과 들, 바다와 육지 등의 가장자리에서 생명이 창발되었다는 생태학의 이론이다. 우리는 정중앙을 실험이나 이론적인 대상으로 사고했던 근대의 사유방식과 달리, 가장자리, 주변, 곁에 있는 소수자들이야말로 가장 강렬도가 높은 생명 에너지의 영역임을 재확인해 볼 수 있다. 그런 점에서 이론적 이상 상태가 아닌 이론적 혼재면의 상태가 더 광범위하며, 이것이 공동체적 관계망의 핵심적인 작동 양상임을 알 수 있다.

혼재면이 갖고 있는 오묘함은 바로 소수자되기라는 영역이 갖고 있는 비밀이다. 사이주체성은 가장 주변에 있는 특이점으로서의 소수자를 향해서 과정형적으로 나아가는 사랑, 정동, 욕망, 돌봄을 발휘한다. 하나의 마을은 하나의 아이를 키우기 위한 판으로 아이되기를 향해 있다. 한 가정은 한 반려동물을 키우기 위한 판이 되며 동물되기를 향해 있다. 여성과 남성은 모두 여성되기를 향할 때야 비로소 사랑이 성립된다. 이렇듯 공동체적 관계망의 혼재면이 향하는 바는 특이성 생산으로서의 소수자되기라고 할 수 있다. 소수자되기의 판이 바로 마을이며 공동체이다. 그렇기 때문에 늘 마을사람이나 공동체 사람들은 곁과 주변과 가장자리에 시선이 가 있으며, 배려와 돌봄을 통해 주변을 아우르려고 한다.

서로 딴소리 하면서도 알아듣는 공동체

공동체 사람들이 만나면 서로 딴소리를 하는 비유기적 대화법이 등장한다. 서로 딴소리 하면서도 귀신같이 상대방의 말을 이해하며 시간이 지나면 일관된 주제로 향한다. 그래서 그러한 현상을 일관성의 구도(plan of consistence)라고 말한다. 이러한 비유기적 관계가 일관성을 갖는 것은 생명의 모습이기도 하다. 오르키데 난초와 말벌은 서로 종이 다르며 다른 목적을 갖고 있지만, 난초가 말벌의 뒷꽁무니를 모방해 모의 성교를 하며 수분을 유도한다. 이는 이종 간의 이질발생이자 일관성의 구도의 판을 갖고 있는 생태계의 모습이다. 마찬가지로 여러 종들이 탄력성을 갖는 생태계의 비밀은 바로 일관성의 구도를 그리는 기본적인 생태계의 작동 방식에 따른다.

이는 비폭력 공감 대화법과도 차이를 갖는다. 공감이라는 방식은 서로 닮아지도록 공유면을 만드는 방식이다. 이에 반해 일관성의 구도는 화음을 갖는 신디사이저와도 같다. 서로의 미세한 음의 차이가 더욱 미세하게 섞여 다른 화음이 되는 과정과도 같은 것이다. 비폭력 공감 대화는 "연대할수록 달라진다"라는 일관성의 구도가 갖고 있는 생명의 야성성보다는 전문가에 수렴되는 기술적인 방법론으로 전락할 위험이 있다. 오히려 도처에서 민중과 소수자는 일관성의 구도가 말하지 않아도 어떠한 방식인지를 잘 알고 있다.

공동체에서의 일관성의 구도는 권력의 배치 앞에서 굴절된다. 이에 따라 은어, 속어, 비어, 방언 등 을의 대화법이 나오는데, 일관성의 구도와 같이 수평적이고 생산적인 대화가 가로막혔을 때 언어가 얼마나 굴절되는지를 잘 보여주는 것이 을의 대화법이다. 결국 권력구성체를 통하지 않는 욕망과 정동, 돌봄의 언어를 통해 일관성의 구도가 갖는 야성성과 상상력을 복원해야 할 것이다. 이는 온라인상에서의 혐오와 비하가 판치는 상황에서도 마찬가지일 것이다. 온라인을 파시스트가 장악하지 못하도록 수많은 네트워크 운동이 재탈환하려는 시도 역시 중요하다.

동시에 감정노동자의 위생적인 표준말은 서로 딴소리를 할 수 없는 난처한 상황에 처한 민중적인 상황을 의미한다. 하나의 고정된 상황 속에서 비유기적인 대화법의 상황 논리를 바꾸고 차원을 바꾸는 n분절의 기호론이 불가능해진 감정노동자는 다소 차갑고 위생적인 표준말을 구사한다. 그러나 감정노동자의 내면에는 자연과 가장 닮은 일관성의 구도가 무엇인지를 잘 알고 있다. 결국 서로 딴소리 하면서도 알아듣는 공동체 대화법은 우리 안의 생명과 본성이 살아 꿈틀대는 것을 의미한다. 그것은 하나의 몸짓과도 같은 언어이다. 다시 말해 몸짓이 고도화되었을 때라야 운을 띄우는 언어 행위라고 할 수 있다.

합리성의 열쇠 개념과 비합리성의 지극함 개념

합리주의적 사유방식은 너와 나 사이의 명확한 구분뿐만 아니라, 이를 이어줄 수 있는 인과론적인 방식의 열쇠 개념이 있다는 설명 방식을 채택하고 있다. 이는 이상적인 실험실 환경과 같은 모델화의 상황을 의미하기도 한다. 얼마나 간편한 가! 전문가의 매뉴얼에 따라 딸깍 하면서 아귀가 맞아떨어지는 열쇠 개념은 가장자리에 들어붙어 있는 소음, 잡음, 잉여의 개입 요소를 완전히 차단하는 것이기도 하다. 이러한 만능열쇠가 어딘가에 있을 것이라는 사유는 기후위기나 생태계 위기에도 마찬가지로 적용된다.

이러한 효율성의 신화는 자본주의 모델은 유지한 채로 그것의 기능을 분화하고 복잡화하여 기능주의=자동주의=관료주의 지층을 형성하면서 작동하는 방식이다. 그렇기 때문에 "네가 한 말은 어느 누군가 할 말이다"라는 마투라나와 바렐라의 얘기처럼 보편화된 하나의 모델에 하나의 열쇠 개념이 세

트로 따라붙는다. 그러나 그것은 현재의 기후위기 자체가 자본주의 문명의 체제 전환 없이는 극복될 수 없다는 점이 드러나고 있는 현 시점에서 사실상 기각될 수밖에 없는 사유방식이고 시스템의 판 짜기 방식이다.

문제는 하나의 모델을 통해 모든 것을 해결할 수 없다는 점에 있다. 공동체적 관계망은 단순하면서도 다양하고 다성화음적인 방식의 모듈을 여러 개 형성해 놓는다. 그리고 그 모듈 각각이 갖는 특이성에 따라 다양한 모델이 형성되도록 만들어서 회복탄력성을 추구한다. 그리고 해결 방식에 있어서도 열쇠 개념이 아니라, 지극함 개념을 통해 과정형적이고 진행형적인 해

마투라나와 바렐라 · 생태 개념어 쪽지 ·

마투라나와 바렐라는 논리적 장부 기재라는 개념을 통해서 '네 말은 어디선가 누군가 했던 말이다'라는 논증을 창안한다. 이는 소재, 상징, 대상에서의 유한성과 한계성이며, 표현의 자율성에 따라 다양한 표현 형태로 우발적 표류를 하는 생명 활동과는 달리 그 소재 자체는 사실상 한계가 있다는 점을 적시한다. 이를테면 『춘향전』과 『로미오와 줄리엣』은 표현 형태로서의 예술성 등에서 큰 차이가 있지만, 사랑이라는 것을 소재로 한다는 점에서 유한하다고 말할 수도 있다. 획일화된 질서, 관료화된 질서는 복잡하게 기능 분화를 통해서 다양성을 대신할 수 있다고 말하지만, 소재, 상징, 대상에서의 유한성에 따라 복잡성 감축을 했을 때라야 진정한 생명 활동의 면모로 되돌아갈 수 있다는 점이 드러난다. 그런 점에서 생명 활동은 다양하면서도 단순하고 다기능적이라고 할 수 있다.

결 방식을 추구한다. 왜냐하면 하나의 문제 설정으로서의 기후 위기 상황에 대한 만능열쇠를 찾기보다는 다양한 모델을 넘나들며 지극함을 통해 문제를 해결하려고 하는 방향성이 더 탄력적인 대응 방안이기 때문이다. 결국 지극함 개념은 메타모델화를 통해 문제를 해결하고자 하는 행동 양식의 기본적인 구도를 그린다.

메타모델화는 한 사람이 정신적인 문제에 봉착할 때, 심리치료라는 하나의 모델에 기반하기보다는, 심리치료, 정신분석, 명상, 선 수련, 인지 치료 등 다양한 모델을 넘나들며 지극함을 발휘할 때 치유에 근접한다는 구도를 그린다. 회복탄력성은 비선형적인 문제설정 자체의 특징을 이해하고 다양한 모델의 비스듬한 연결을 통해 대응하는 메타모델화의 각 모델 각각이 갖는 특이점들의 연대체의 작동에 입각해 있다. 회복탄력성은 생태계 자체가 비선형적이며 확률론적이기 때문에, 하나의 모델의 변수가 아니라, 여러 모델의 변수를 결합했을 때 비로소 상수로서의 문제설정을 극복할 방안이 생길 수 있다는 통찰이다.

그런 점에서 함수론의 역치는 확률론인 셈이다. 함수론은 완결형, 이념형으로 어떻게든 계량화될 수 있지만, 그것을 해결하려고 할 때의 문제에서는 확률론을 필요로 한다. 이를테면 100+10은 110이라는 산술적 수로서의 함수론은 지극히 당연하지만, 이번에는 110이 100+10이 되는 경우를 생각해 보면 경우의 수로서의 확률론이 필요하다는 점을 발견하게 된다. 다시 말해서 경우의 수는 회복탄력성의 각각의 특이점에 해당한다. 확률론은 과정형, 진행형으로서의 특이점 설립의 지극함으로만 접근 가능하다. 지극함은 곁과 가장자리, 주변에 대해서 사랑, 욕망, 정동의 강렬도를 계속 가하는 반복의 과정에서 비롯된다. 지난한 과정의 끝에 결론이 나오지만, 그 과정에는 답이 없을 수도 여러 개가 답일 수도 모두가 답일 수도 있다.

따로 또 같이 공동체인가? 문턱이 없는 공동체인가?

전통적인 공동체에서는 개인성이 발휘될 여지가 없었는데, 이는 자원, 부, 에너지의 한계 때문에 개인들이 자유롭게 자원을 사용하거나 결정할 수 없었고, 공동체가 공동 이용, 공동 관리, 공동 소유의 책임을 가지고 있었기 때문이다. 커먼즈의 작동은 이렇듯 공동 규칙에 따라 개입과 간섭이 일상화되는 것을 의미한다. 이러한 개입은 개인의 자율성에 대한 일종의 규율과 통제라고 여겨질 수도 있다. 그러나 공동체의 관계망이 무임승차자들의 자유로운 사업이나 행동의 판이라고 할 수 없다는 점에서 커먼즈로서의 공동의 소유와 공동의 규칙 등이 수반될 수밖에 없다. 이러한 커먼즈의 전통적인 문제 설정에 대해 청년들은 기본적으로 동의하지 않고, 자유와 이동, 유동적인 삶의 모빌리티적 인간형으로 다시 태어났다.

사실상 프라이버시의 존중이라는 슬로건은 1인 가구에서의 고독, 소외, 무위와 동조화되기 때문에, 공동체를 벗어났다고 해서 해방의 공간이 만들어지는 것은 아니다. 그러나 가장자리를 살피는 전통적인 공동체 사람들의 모습은 왠지 촌스럽게만 느껴질 수밖에 없다. 오히려 위생적이고 탈색된 프라이버시가 존중받는 '따로 또 같이'의 공동체를 생각할 수밖에 없는 것이 청년들의 새로운 기획이다. 이제 커먼즈는 미리 주어지지 않으며, 개인들이 모여서 공동의 합의를 거쳐 만들어야 할 결과가 된다. 이러한 청년들의 기획이 갖는 획기적인 면은 여기에 있다. 다시 말해서 커먼즈를 당연한 것으로 여기는 것이 아니라, 재창안해야 할 소수자들의 인공자연으로 본다는 점이 그것이다. 이는 향후 생태민주주의의 모습이 주인공 담론으로부터 벗어난 가장자리의 n분절의 기호론, 인공자연에 상응하는 인공신체를 생성한 퀴어적 주체성, 인공자연화된 제도와 시스템을 요구하는 생태주의와 같을 것이라고 보이는 이유이기도 하다.

프라이버시의 경계 짓기, 구획 짓기는 명료하게 가능한가? 사실상 혼재면으로서의 일관성의 구도가 주변과 경계에서 득실거리고 있는 상황에서는 불가능한 기획인 것은 분명하다. 그러나 문제가 되는 것은 개인의 삶이 보다 거리를 두고 생각할 여지를 갖는 인퇴(引退)된 형태를 필요로 한다는 지적은 속도를 내며 빠르게 이동하는 모빌리티 사회에서 그나마 숨 쉴 여유를 갖고 자신의 마음을 응시하는 마음으로 향할 수 있는 최소한의 영토가 필요하기 때문이다. 다시 말해 빠르게 뒤섞이는 속도 사회와는 혼재면을 형성함으로써 스스로가 해체되거나 미디어와 영상의 흐름 속에서 무심결 다시 말해 무의식의 행렬에 따라 움직이지 않겠다는 의도로 보인다. 공동체의 정동의 흐름과 접속하지 못하는 것은 최소한의 흐름 속에서 파묻혀서 생각할 여지, 고민할 여지, 상상할 여지를 가질 수 있는 자원, 영토, 거주지 등을 갖지 못했기 때문이다. 이는 전통적인 공동체에서도 개인성이 그저 강물의 흐름이나 순환의 사슬 속에서 사라질 위기에 처하지 않겠다는 선언과도 같은 것이기도 하기 때문에, 청년들의 '따로 또 같이'의 의미는 새롭다. 다시 말해 혼재면 속에서 무심결에 무의식의 행렬에 따라 움직이지 않겠다는 의도로 보인다. 이러한 공동체의 정동의 흐름을 그대로 둔 채 개인은 흐름 속에 파묻혀서 생각할 여지를 갖지 못하고 그저 강물의 흐름이나 순환의 사슬 속에서 사라질 위기에 처한 것도 사실이기 때문에, 청년들의 '따로 또 같이'의 의미는 새롭다.

문제가 되는 것은 청년들이 자원에 접근할 여지가 극히 적다는 점에 있다. 부동산 불패 신화에서 배제된 청년들은 마을의 거주지로부터도 배제되었다. 그런 점에서 상대방 삶에 간섭하기에는 부담이 되는 조심스러움과 신중함이 생기는 것이다. 다시 말해 일본 사회와 마찬가지로 신배려 사회로 재편이 되고 있는 것이라고도 보인다. 신배려 사회는 상대방에게 부담이 될까 봐 배려하지 않고 그대로 있는 새로운 배려를 의미한다. 결국 세상의 어려움에 하나 더 부담을 얹히고 싶지 않은 청년들은 서로에게 먼저 말을 걸기보다는 멀찌감치 관계성좌를 바라보는 마음을 응시하는 마음으로서의 자신을 위치시킨다.

결국 전통적인 공동체가 되든 '따로 또 같이'의 공동체가 되는 커먼즈를 만들어 내려는 것에 대한 합일 지점이 있다. 기성세대는 미리 주어진 커먼즈를 경험했기 때문에 향수와 낭만을 갖고 있지만, 젊은 세대는 한번도 커먼즈를 경험하지 못했기 때문에 필사적으로 만들어 보려고 노력한다는 점에 차이가 있을 뿐이다. 결국 열린 공동체를 만들기 위한 여러 몸짓, 아우성, 화음 등이 우리의 주변과 곁, 가장자리를 구성하고 있음은 분명하다. 그런 점에서 곁에서 서식하는 정동의 판, 일관성의 구도에 대해 주목할 수밖에 없다.

5장

◆

비기표적 기호계,
n분절의 기호론을 향하여

기호의 향연, 공동체의 배치

공동체만큼 기호의 향연이 벌어지는 판도 없을 것이다. 공동체에서는 냄새, 색깔, 눈빛, 몸짓, 맛, 이미지, 표정 등의 비기표적 기호계가 잔치와 난장을 만들어 관계 성숙의 원천이 된다. 다채로운 기호들의 향연을 벌이기 때문에, 수많은 촉각적인 느낌들이 공동체의 판을 감싸고 돈다. 맛있는 음식뿐만이 아니라, 다양한 색채를 가진 회화, 다양한 동작의 춤과 마임, 그리고 공동체 사람들의 풍부한 표정들이 기호의 향연을 벌인다. 너무도 다양하고 다채롭기 때문에 어떤 중심의 수렴점이 없다는 것이 특징이다. 제각각 표현하는 기호들 속에서 어우러져 n분절의 기호를 만들기 때문이다.

공동체에서 언어는 다채로운 n분절의 기호 중 하나의 경우의 수에 불과하다. 만약 언어를 통해 현장의 분위기를 장악하려는 사람이 있을 경우, 즉각적으로 현장에서 제어를 받기 때문이다. 흔히 주인공 담론에 익숙한 사람들은 기호의 향연 속에서 표면을 갈취해 자신의 영역을 만들 수 있는 '의미화=표상화=코드화=가치화'의 방법을 통해 장악의 의도를 갖고 있다. 그러나 그러한 주인공 담론을 가진 사람들이 등장할 때마다 공동체 사람들은 그 저의가 무엇인지에 대해서 대부분 파악하고 있기 때문에 잠시 동안의 침묵을 통해 그 사람의 시간이 끝나기를 기다린다. 주인공 담론에 따라 움직이는 사람들은 대부분 자신들의 정의를 내릴 수 있는 사람이고, 소수자와 민중은 무심결로 살아가는 사람이기 때문에 정의를 내릴 수 없는 사람이라는 점을 강조한다. 그래서 스스로 정리 발언을 한다든지, 사회자 역할을 자임하는 경우도 빈번하다.

그러나 공동체의 기호의 향연은 느낌으로 알 수 있는 따뜻함과 부드러움으로 가득하다. 다양한 기호의 흐름은 그 자체가 사물, 생명, 자연, 기계, 미생물로부터 나온 것이기 때문에 생태적 지혜로 가득하고 이야기 구조도 풍부하다. 그리고 공동체 사람들의 엄청난 상냥함의 비밀에는 관계를 성숙시키는 비기 표적 기호계가 숨어 있다. 지극히 비효율적이라고 여겨질 만큼 비기표적 기호계를 감응하기 위한 느림의 시간과 여백의 공간을 요청하는 것이 공동체의 판이다. 효율적으로 "이것은 무엇이다"라고 단정내리면 될 부분이라고 여겨질 수도 있지만, 공동체의 판 위에서 다양한 이야기 구조의 꽃을 피우며 비기표적 기호계의 다양한 향연에 대해서 설명력을 갖고자 노력한다. 동시에 자신만의 노하우나 암묵지, 지혜, 스토리, 관계 맺기의 방식에 대해서 언어로 표현하지만, 그 배경에는 비기표적 기호계가 판을 깔고 있기 때문에 언어화가 가능한 것이다.

세계슬로우푸드협회의 컨비비움과 향연의 사례

세계슬로우푸드협회의 조직 원리는 컨비비움이다. 컨비비움(convivium)은 함께(com)와 기쁨(vivid), 조직(um)의 합성어인 것에서도 알 수 있듯이 공생공락(共生共樂)의 단위라고 할 수 있다. 일단 조직 원리가 거창하게 느껴질 수도 있지만, 먹을 것을 앞에 두고 소농의 술자리처럼 2-3인이 모여 비공식적인 언어로 말하는 자리가 컨비비움이다. 마치 잠깐의 끽연 타임에서 중요한 일이 대부분 결정되는 니코틴 공동체의 모습처럼 비공식적인 언어를 사용하는 먹는 타임을 통해 다양한 이야기가 오가는 것이 특징적이라고 할 수 있다. 먹을 것은 대부분 냄새, 색채, 음향, 몸짓, 표정, 맛, 이미지 등의 비기표적 기호계가 가장 풍부하고 다양하게 나타나는 소재가 될 수 있다. 공식적인 딱딱한 언어가 효율성을 추구하는 사무실 환경에 맞추어져 있다면, 자신의 기호작용이 비스듬하게 움직이는 구강기호학이 작동하는 음식을 먹는 과정에서는 다양한 비공식적 언어가 폭발한다. 뒷담화, 잡담, 수다가 허용되며, 굳이 회의 주제와 맞지 않는 이야기라 하더라도 활력정동을 줄 수 있다면 모두가 허용되는 느슨하고 포용적인 자리가 컨비비움이다.

컨비비움에서의 의기투합은 판 자체가 갖고 있는 강렬도가 주는 에너지에 따라 이루어지고, 관계성좌가 만들어 낸 강도, 온도, 밀도, 속도에 반응하기 때문에 맥락과 배치가 분명하다. 마치 『삼국지』에서의 도원결의처럼 먹거리가 주는 풍요와 강렬함 속에서의 의기투합은 에너지가 있다. 동시에 먹거리는 거나한 이야기 구조를 폭발시킨다. 그것은 허세가 아니라, 당보충에 따른 체온 상승, 약간의 알코올이 주는 기분 좋아짐, 먹거리의 맛이 자극한 강렬도 등에 분위기가 촉진되어 사교적인 모임에서보다 더 많은 이야기 구조를 만들어 낸다. 먹거리는 그저 보완물이라고 생각하면 오산이다. 오히려 기호의 향연을 통해 다채로운 기호작용을 격발할 중요한 소재가 될 수 있다. 이렇듯 먹거리의 풍요는 이야기의 풍요, 관계의 풍요로 향할 수 있다. 이 모든 것은 먹거리에서 나오는 비기표적 기호계의 에너지 덕분이다. 판 짜는 자는 다소 비밀스럽게 미리부터 메뉴를 결정해서 그 자리의 강렬도가 어떤 성격의 것인지를 가늠할 수 있는 지혜를 갖고 있는 사람이다.

도제조합의 전통이냐 전문가 전통이냐

우리는 여기서 밥상머리 교육에 따라 부모님이 "먹어라"라고 하면 먹는 것과 먹거리가 갖고 있는 비기표적 기호계에 감응되어 손이 먼저 가고 침이 고여 먹는 것의 차이점에 대해서 얘기할 수 있다. 소재가 주는 에너지는 우리 자신을 감응시켜 행동으로 나서게 하는 원천이다. 공동체는 판을 깔고 비기표적 기호계를 통해 행위에 나서게끔 유도하지만, 그것을 명령하거나 시키는 사람이 없다. 그저 판 위에서의 강렬도를 통해서만 얘기할 뿐이다. 사실상 비효율적이고 직접적인 방식이 아니기 때문에 답답하기 그지없는 과정이라고 느껴질 수밖에 없다. 그러나 사물, 생명, 자연, 기계에 들러붙어 있는 기호가 행위를 통해 첨단점이 될 때까지 기다리고 또 기다린다. 그것이 공동체에서는 보이지 않는 윤리와 미학으로 나타나는 지점일 것이다.

공동체에서의 일은 협동조합의 모태였던 도제조합의 전통에서 살짝 엿보인다. 자본주의의 전문가는 질료에 형상을 부여할 뿐, 소재 자체의 결과 무늬, 힘과 에너지 등에 대해서 관심이 전혀 없지만, 장인은 재료의 결과 무늬에서 나오는 힘과 에너지에 감응하여 섬세한 손길을 통해 작업을 한다. 소재가 주는 힘과 에너지를 느끼기 위해서는 의식의 무의식화 과정이라고 할 수 있는 습(習)의 과정이 수반된다. 그래서 요리 장인에게 비법을 전수받기 위해 설거지만 일년을 하고 양파 까기를 일년을 한다는 등의 이야기 구조가 거기서 나온다. 이는 소재로부터 연유된 에너지를 감응하고 느끼기 위한 습으로서의 과정이라고 할 수 있다. 그러나 그것은 학문의 원리처럼 정형화된 것이 아닌 암묵지 혹은 생태적 지혜와 같은 것이다.

반면 아카데미는 질료에 정확한 설계 형상을 가해서 만들어지는 상품 사회의 원천이 되며, 전문가주의가 이것을 주도한다. 공동체의 소재-힘의 구도는 아카데미의 질료-형상의 구도로 바뀐다. 이제 소재가 주는 에너지, 비기표적 기호계에 감응할 필요가 없는 것이 전문가들의 세상이다. 전문가들은 정확히 계량 가능한 질료에다가 자신의 형상을 부여해서 제품을 만들면 그것이 완성된다. 그렇기 때문에 이것은 무의식의 의식화 과정으로서의 학(學)의 과정에 따른다. 효율성, 속도, 공리주의가 전문가들이 갖고 있는 질료를 대하는 태도이며, 이는 소재 자체가 갖고 있는 힘과 에너지 등의 기호의 향연을 차단하고 분리하고 뻔한 것으로 규정내리기 급급하다. 그래서 세상은 다소 비루한 것이며, 전문가들의 기획이나 프로젝트야말로 세상을 재창조하는 아주 세련된 행위라고 찬양된다.

다시 한번 말하자면 공동체는 사물, 생명, 자연, 기계, 미생물 등의 에너지에서 활력을 충전받는다. 그리고 그것이 발현되는 형태가 비기표적 기호계이다. 결국 자본주의 문명은 공동체를 분쇄하도록 유도하거나 그저 겉으로만 위장된 공동체, 디즈니랜드화된 공동체만을 제시할 뿐이다. 공동체가 갖고 있는 에너지는 사실상 커먼즈에서 유래된 색다른 사유 체제로서의 애니미즘과도 관련되어 있다. 내가 그것을 하는지, 그것이 나로 하여금 그렇게 하도록 만드는지는 사실상 선후관계로서 바라보기보다는 공동 생산의 시각에서 바라볼 필요가 있다. 결국 사물, 자연, 생명 등과 인간은 혼재면 속에서 뒤섞여서 서로에게 에너지를 주면서 공동생산(syn-poiesis)하기 때문에 주체-대상의 능동-수동의 신화와는 아무런 관련이 없다. 그런 점에서 공동체의 공동생산(Syn-poiesis)은 주체성(subjectivity)이 뛰어놀 수 있는 판(plan)을 짜는 것이라고 할 수 있다.

정의내리는 사람이 없는 자리

주인공 신화에 빠져든 근대적인 인간형들이 공동체 자리에 등장하여 나서서 발언하고 행동하는 방식은 다소 통속적이다. 사회자를 자임하거나 자리가 끝나갈 즈음에 갑자기 정리 발언을 해서 자리를 싸늘하게 만든다. 그러나 공동체의 판은 정리 발언하는 사람이 없이 느닷없이 끝나는 자리이다. "-은 -이다", 다시 말해 "이번 자리의 의미는 무엇이다"라고 정의 (definition)내리는 방식의 포획은 그날의 기억을 그 사람 중심으로 재편하게 만드는 원천이다. 그러나 공동체의 판은 n-1 다시 말해서 중심이 없는 다수의 사람들의 리좀적인 판이다. 여기서 리좀(rhizome)은 '그리고-그리고-그리고'로 수평적으로 연결접속하고 생성되는 개밀, 고구마, 감자와 같은 식물의 형상으로 공동체의 n-1의 구도, 다시 말해 일자 없는 다양성의 배치를 의미한다. 공동체의 판은 강렬해져서 다중심적인 특이점들을 다루고 이야기하면서 서로를 띄워주고 부추기고 앞으로의 일을 도모하면서 관계의 소중함을 느끼는 자리이다. 그리고 울음 섞인 포옹과 미소 띤 마중을 제외하고는 시작과 끝이 예고되어 있지 않고 늘 과정과 중간 속에서만 배치하기 때문에 늘 느닷없이 끝나거나 시작되어 늘 여운과 돌발성이 있고, 그 과정이 진행될 다음번 만남이 기다려지는 자리이다.

공동체의 판을 정의내리지 않는다는 것은 이제 우리는 이것을 해야 한다고 의미규정하지 않는 자리라는 점을 의미한다. 의미 모델은 하나의 모델에 수렴하고 집중하는 것이라면, 재미 모델은 여러 모델을 넘나드는 것이다. 의미 모델에 사로잡히면 그 자리는 정의를 내리고 정리 발언을 하는 사람 중심으로 재편된다. 그래서 일이 되고 고역이 되는 것도 사실이다. 그러나 재미 모델을 중심으로 하면 횡단, 이행, 변이되는 여러 모델들을 넘나들면서 수다가 천일야화처럼 끝없이 이어진다. 의미 모델은 성과를 내야 한다는 강박에 사로잡힌 효율성의 모델이라면, 재미 모델은 여러 특이점을 오가면서 여러 가지 참조점을 넘나드는 탄력성의 모델이다.

결국 재미 모델에 입각해 있는 공동체에다가 성과주의를 추구하는 관 주도의 마을 만들기의 오류를 얘기해 보게 된다. 관계에는 양적인 성과가 없고 그저 질적인 성숙의 과정만이 있다. 더욱이 의미보다는 재미를 추구하는 판이 짜여지면 성과보다 지금-여기에서의 감응이 중요해질 수밖에 없다. 결국 관주도의 마을 만들기는 공동체의 구성 원리에 맞지 않는 옷을 입는 것과도 같다. 물론 약간의 자원이 뭔가 유인이 될 거라고 생각하는 사람도 있을 수 있다. 그러나 약간의 자원 역시도 여러 가지 서류와 문서를 요구하는 성과중심주의의 포로가 되어 있었다. 결국 관계의 차원은 비기표적 기호계가 발효되고 성숙되는 과정적인 것이지, 스냅사진처럼 그 순간의 성과로 물성을 가질 수 없는 것이라고 할 수 있다.

결국 다채로운 비기표적 기호계에 따라 성숙되는 관계의 영역은 정의가 아닌 지도제작으로만 파악될 수 있다. 마치 지도를 그리듯 여러 기호들이 오가면서 교감, 상호작용, 흐름, 관계망을 형성하는 것이라고 할 수 있기 때문이다. 무언가를 성과지표에 따라 스냅사진처럼 만들어서 정량화할 수도 없다. 그것은 늘 과정형이며 진행형인 성숙과 발효의 과정이기 때문이다. 그런 점에서 "지도화는 영토화가 아니다"[5]라는 그레고리 베이트슨의 발언처럼 정주성 자체가 마을이 되는 것이 아니라, 다양한 관계의 지도제작 자체가 마을이 되는 것이다. 그런 점

---

5 그레고리 베이트슨, 『마음의 생태학』(책세상, 2006), 206-320쪽.

에서의 기호의 향연과 그 향연 속에서 교감되고 흐르는 기호작용을 지도제작할 필요성이 대두된다.

커뮤니티 맵핑, 공동체의 지도 제작술

커뮤니티 맵핑은 공동체의 다양한 거점과 상황별, 사건별, 관계별 지도제작을 수행하는 워크숍 중심의 마을의 지도그리기이다. 여기서 우리가 주목하는 것은 다양한 기호들이 상호작용하는 바를 지도제작할 수 있다는 점에 있다. n분절의 기호론으로서의 비기표적 기호계라고 하더라도 그것은 와해되거나 해체된 상태로서 휘발성을 가진 기호작용이 아니다. 마치 판 짜는 자의 노력이 만든 결실처럼 정동의 강렬도는 지도그리기를 통해 사람들 사이에서 신체 지도, 감정 지도, 정동 지도를 그려낼 수 있다. 일종의 동물행동학이나 동역학의 구상처럼 강도, 온도, 속도, 밀도가 교차되면서 이행하고 횡단하고 전이되는 과정들에 대한 여러 가지 특이점, 전환점, 고정점 등을 그려낼 수 있기 때문이다.

다시 말해서 n분절의 기호작용은 전(前)개체적인 기호작용으로서의 정동이라는 생명력의 원천이라고 할 수 있다. 그래서 누가 먼저 시작했는지 모를 물음표와 화기애애함, 느낌 등이 생성되고 전달되고 이행하고 변형될 수 있으며, 표정은 표정을 유발하고 냄새는 맛을 유발하고 색채는 얼굴빛을 유발할 수도 있다. 그러나 판 짜는 자에게 중요한 것은 강렬도가 지도를 그려나가는 과정을 따라가면서 흥과 재미를 느끼는 공동체의 지도제작의 이야기 마당만큼이나 생명력, 힘 자체가 생성될 수 있는 비기표적 기호계의 소재와 재료들의 행동 추이, 방향성, 질적 특성 등을 점검할 자리를 마련한다는 점에 있다. 그런 점에서 정동 생산이라는 영역의 최초의 시작점을 만들기 위해서 판 짜는 자들은 요리를 하고 청소를 하고 음악을 바꾸고 사람들에게 연락하는 등의 모든 준비 동작에 힘을 들인다.

결국 커뮤니티 맵핑의 지도제작의 과정이 놓친 다채로운 기호들은 우리의 감응 양식을 작동시키는 정동이라는 생명력에 있을 뿐만 아니라, 이를 촉매할 비기표적 기호계라는 재료에 있다. 마을의 자원이 무엇이고 장소가 무엇인지 등에 대한 관심은 지극히 정주성의 테마라고 할 수 있다. 그것보다는 관계성 테마로서의 관계를 촉진하고 부추기고 도모하는 과정에서의 비기표적 기호계의 판 자체에 대한 지도제작의 과정이 선행되어야 할 것이다.

사실 비기표적 기호계가 대면 접촉의 과정에서의 기호작용이기 때문에, 온라인 공간에서 만남을 유지할 수밖에 없는 팬데믹 상황이나 청년 세대들에게는 현실에 부합되지 않거나 다소 촌스러운 것으로 여겨질 수도 있다. 그러나 그것은 가상공간에서 어떤 방식으로 우리가 감응하는지 이전에 가장 토대가 된 관계 자체에 대한 동역학적인 탐색이라고 할 수 있다. 공동체는 온/오프를 막론하고 기호작용에 따라 강렬도를 형성한다.

덧붙이는 글: 기호의 에너지화에 대한 단상에 부쳐

펠릭스 가타리는 『분열분석적 지도제작』에서 성장주의 세력이 갖고 있는 '자원이 활력을 가져다준다'는 입장과는 달리, 기호의 반복이 에너지가 된다는 구도를 선보였다. 이는 탈성장에서의 활력 해방, 정동 해방의 단서를 제공하는 대목이기도 한다. 이러한 기호의 반복에 대한 사례로 "짜증나"를 반복하면 짜증 에너지가 생긴다는 간단한 사례로 설명해 볼 수도 있지만, 공동체의 비기표적 기호계의 반복의 양상에 대한 지도제작은 이제 시작점에 있다고 할 수 있다. 그 연구를 더욱 발전시키고 성숙시킬 여지는 풍부하며, 탈성장이 활력 해방 국면이 되도록 도모할 때의 전략적 사유를 담고 있는 구도라고 할 수 있다.

물리학에서의 두 개의 특이점은 이러하다. 먼저 기호의 반복이 만들어 내는 에너지로의 전환이 이루어지는 지점으로서의 특이점이 있다. 이는 기호를 반복적으로 만들어 내는 비기표적 기호계가 사라져 버리는 것이 아니라, 공동체에게 힘이 되고 에너지가 된다는 점을 의미한다. 우리네 어머니들의 정화수에 공을 들여 주문이나 염불을 반복하는 것도 에너지를 만들어 낼 수 있다는 가설도 가능하다. 두 번째 특이점은 에너지의 반복이 만들어 내는 물질로의 전환이 이루어지는 지점으로서의 특이점이다. 사랑, 정성, 욕망, 정동, 돌봄이 물질이 되는 순간을 우리는 증여와 호혜의 선물을 주고받는 과정으로 생각하게 된다. 이는 물질이 에너지가 된다는 기존 에너지관에 대해서 반역할 수 있는 길이 증여와 호혜의 공동체에 있다는 점을 의미한다. 다양한 특이점 설립의 기초를 마련해 볼 수도 있겠다. 기호의 에너지화 국면은 생명력으로서의 정동의 생산 단계이며, 에너지의 물질화 국면은 정성, 정동, 사랑, 욕망, 돌봄이 선물과 같은 실물적인 호혜적이고 증여적인 양상으로 전환될 때의 국면이라고 할 수 있다. 이에 대한 두 가지 특이점에 대한 단상은 공동체가 증여와 호례의 관계망을 짬과 동시에 기호의 반복의 설립에 대한 미시정치 역시도 요구하는 대목이라는 점에서 공동체의 전략적 사유에 기반이 될 것이다.

나오는 글

1 낭만하는 공동체를 넘어: 공동체, 정치하자

야마기시즘 실현지는 2000년대 들어 급격히 그 규모가 작아진다. 1990년대 양적으로 전성기를 구가했던 시기에 비하면 정말이지 빠른 속도의 축소였다.

야마기시즘 운동의 축소에 영향을 미친 변수로는 '보편적 시스템의 부재'를 들 수 있을 것이다. 야마기시즘은 무소유 일체 사회를 실현하는 일에 '종교나 폭력에 의존하지 않고', '모든 사항에 대해 중지(衆知)를 모아 검토하고, 언제나 최고, 최선,

최종적인 것을 찾아내어' 실천한다고 선언하고 있다. 이 같은 방식이 바로 '연찬 방식'이다. '장(長)이 없음'을 운영 원칙으로 삼고, 직업에 있어서도 '자동 해임'을 원칙으로 6개월에 한 번씩 새롭게 직장을 선택하는 순환 구조를 중요한 원칙으로 삼고 있다. 1950년대 일본에서 태동한 야마기시즘의 제창자 야마기시 미요조가 불교와 아나키즘에 영향을 받았을 것이라는 예측은 공공연히 이뤄지고 있는바, 이 같은 사회 운영 원칙은 아나키즘의 영향을 받은 듯해 보이고, 실제로 실현지는 그 운영 원칙을 고스란히 지키려고 노력했다.

하지만 모든 사항에 대해 '무고정 전진'한다는 원칙의 연찬 방식이 과학적 태도의 논의가 아니라 종교적이거나 교조적인 문화로 변질되게 된 것이 사실상 실현지 축소 경향의 큰 이유라고 보여진다. 야마기시즘 실현지와 매우 비슷한 생활 형태를 가진 브루더호프 공동체(bruderhof)의 경우, 그 규모와 형태를 더 오랜 기간 유지하고 있는 것도 흥미로운 비교 지점이다. 브루더호프 공동체는 종교(기독교)에 기반한 공동체이다. 스스로 '종교'가 아님을 선언한 야마기시즘과는 그 점에서 명확한 차이를 보인다. 브루더호프 공동체와 비교해 봤을 때, 야마기시즘은 종교, 혹은 선출직 민주주의 등 사회를 운영하는 어떤 권위(정치라고 부를 수도 있을 것이다)를 '연찬 방식'이라는 논의 구조로 가져가려 했던 시도가 내부 민주주의의 왜곡을 만들고, 오히려 보이지 않는 권력을 형성하거나, 초기 기획자들에게 과한 권한을 부여하는 방식으로 잘못 작동한 것으로 보인다. '가치의 권위적 배분(authoritative allocation of values)'을 이즘 교육(야마기시즘 특별강습연찬회와 연찬학교)을 받고 훈련한 개인들의 연찬으로 풀어가려 했던 시도는 때로는 개인의 부자유로, 때로는 권한과 권위의 왜곡된 귀속으로 나타나기 시작했다.

야마기시즘 실현지는 '언젠가 다가오게 될 사회를 미리 살아본다'고 스스로의 장소를 설명하곤 한다. 실제로 야마기시 미요조는 1954년 발표한 '야마기시즘 사회의 실태'에서 200년 후에는 소유 의식을 뛰어넘는 사회운영 원리가 작동할 것이라고 예견했다. 대부분의 공동체 운동들은 이러한 특징을 가질 것이다. 작은 규모에서 이상적인 사회를 실제로 구현해 보는 실험을 하고 있고, 아쉽게도 대부분의 이러한 사회 실험은 '실패'하거나, '실패하는 중'이다. 이상적인 모델을 만들어 내는 것으로 사회운동의 동력을 만드는 이 같은 실험이 실패하는 것은 자연스럽고 당연한 일이다. 다만 아쉬운 것은 이 같은 실험의 결과를 우리 사회가 충분히 채집하지 않고 있다는 것이다. 예컨대, '소유 의식에 기반하지 않는 사회'를 실제로 구현해 본 야마기시즘 실현지의 경험은 구상 수준의 기획이 실제 사람들의 인식 수준과 욕망 체계를 만나면 어떻게 작동하는지를 잘 보여주고 있다고 생각한다. 실험의 현장이 실제 사회일 수밖에 없는 사회과학이 과감한 정책실험을 관찰하고 피드백하며 사회를 성장시키는 것과 같이 실패하거나 실패 중인 공동체 운동에 좀 더 적극적으로 접근해야 할 필요가 있다.

'공동체' 자체를 질문의 대상으로 삼지 않는 태도, 그리고 공동체 그 자체가 대안적 가치를 지닌다고 하는 환상은 공동체 공간을 탈정치적인 공간으로 만든다. 야마기시즘이 지향한 '연찬 생활'은 고도의 직접 민주주의를 통한 사회의 공동체적 운영이라는 대단히 정치적인 기획이었지만, 실현지가 운영되는 과정에서 연찬은 자꾸 정치를 부정하거나 배제하는 기술로 작동하게 된 것도 사실이다. 대단히 정치적인 기획과 대단히 탈정치적인 시도는 동전의 양면 같은 것일 수도 있다.

나는 바로 그 경계가 '갈등을 대하는 태도'로 규정된다고 생각한다. 우리에게는 '공동체'라고 하는 공간, 또는 공동체적인 시도라는 것을 갈등이 존재하지 않는 진공 상태 같은 것으로 가정하는 습관이 있다. 하지만 공동체는 그 규모와 형태에 상관 없이 갈등이 존재하는 공간이다. 그럴 수밖에 없다. 갈등이 존재하지 않는다는 것, 그래서 갈등을 해결하는 정치가 존재하지 않는다는 것은 '정치'를 대체하는 다른 규범이 작동하고 있다는 것을 의미하지 정말로 갈등이 존재하지 않는 상태를 말하지는 않는다.

나이, 성별, 성적 지향, 학력, 가족 구성, 소득과 자산 등 삶의 다양한 요소들은 권력 관계를 형성한다. 마을, 공동체, 공동체적인 시도는 보통 이 권력 관계가 가장 일상적인 형태에서 드러나는 공간이고, 경험이 된다. 그래서 이 권력 관계를 인정하지 않으면, 공동체는 정상성이라는 범주에 완전히 귀속된 장소가 돼버리곤 한다. 공동체가 권력의 문제를 우회하지 않도록 하자. 공동체가 정치를 배제하지 않도록 하자.

2 새로운 사회계약을 상상하며

우리는 아주 난감한 시대를 살아가고 있다. 우리가 지금의 사회를 설명하는 데 가장 적합한 계약의 내용이 무엇일까? 그것은 아마도 임금노동자가 되어 사회와 관계를 맺는 계약의 형태일 것이다. 우리의 시간은 돈을 버는 시간과 돈을 쓰는 시간으로 양분되고, 여러 가지 관계나 자립 노동으로 채워졌던 시간을 돈을 벌고 쓰는 시간으로 대체하며 온전히 소비자로 살아가는 생활에 익숙해져 버렸다. 이 계약은 경제성장의 낙관적인 전망에 기대어 있던 사회에서는 매우 유효한 기획이었고, 이러한 계약은 대의 민주주의나 기부를 중심으로 운영되는 시민사회 단체 등 정치사회 영역에도 긴밀하게 영향을 끼쳤다고 볼 수 있다. 안정적으로 '돈을 벌 수 있다면', 이 계약은 충분히 안정적이고, 이 기획은 다수의 행복을 보장할 수 있을 것이라 여겨졌다. 그런데 문제는 우리 사회가 모두에게 안정적으로 '돈을 벌 수 있도록' 하는 조건을 유지하지 못할 것이라는 점이고, 이 지점 덕에 그와 연결된 모든 계약과 기획이 흔들리게 된 것이다. 이는 사회운동 영역도 마찬가지다. 우리가 기획하고 전개하고 있는 각 부문의 사회운동 전략이 어떤 사회에 기반하고 있는지에 대한 검토가 절실한 시점이다.

공동체 역시 이 난감한 시대를 구성하는 여러 가지 조건과 분리될 수 없다. 현재 존재하는 경제적이고 정치적이며 생태적인 위기를 진단한 이들이 손쉽게 '공동체'를 미래적인 대안으로 제안하는 것에 대해 나는 우려를 갖고 있다. 공동체는 진공 상태의 대안일 수 없다. 대의민주주의의 기능을 부정하고 그 가능성을 기각한 이들이 직접민주주의를 실행할 수 없다. 대안은 이전의 문화나 제도와 단절된 형태로 등장하는 것이 아니라 복잡하고 지난한 과정 속에서 한발 나아가는 방식으로 만들어진다고 믿는다. 나는 공동체가 2020년대에 우리가 마주한 여러 가지 위기를 해결할 수 있는 단절적인 대안이 될 수 없다는 것, 그러니까 낭만화된 유토피아적인 공간은 존재하지 않는다는 것을 말하고 싶었다.

참고문헌

1부 우리 시대 공동체에 던지는 질문

권희중·이호찬·신승철, 『우리의 욕망을 공유합니다』, 한살림, 2020.

김태경, 「연찬-학육방식을 통한 대안적 환경가치교육 방안—일본 도요사또 실현지 사례분석」, 서울대학교 박사학위논문, 1999.

김현주, 「산안마을, 시대와 함께하다」, 제11회 마을만들기전국대회 발표자료, 2018.

박민철·최진아, 「펠릭스 가타리의 생태철학: 카오스모제, 생태적 주체성 그리고 생태민주주의」, 《철학연구》 127, 2019, 233-258쪽.

박순열, 「생명과 자유를 구현하는 새로운 시민」, 구도완 등, 『생명 자유 공동체 새로운 시대의 질문』, 도서출판 풀씨, 2020.

송명규 외, 「생명지역주의(bioregionalism)의 이론과 실천: '산안마을'을 사례로」, 한국학술진흥재단 1998 인문사회중점영역연구 최종보고서, 2000.

신승철, 『펠릭스 가타리의 생태철학』, 그물코, 2011.

신용인, 『마을공화국, 상상에서 실천으로: 진정한 민주공화국을 위하여』, 한티재, 2019.

야마기시즘 실현지 문화과, 야마기시즘 실현지 출판부 옮김, 『자연과 인간이 하나가 되는 야마기시즘 농법: 돈이 필요없는 사이좋은 즐거운 마을 이야기』, 야마기시즘 실현지 출판부, 1999.

이근행, 「한국 공동체운동의 형성과 전개에 관한 연구」, 성공회대학교 NGO대학원 석사학위논문, 2006.

이남곡, 『논어, 사람을 사랑하는 기술』, 한겨레출판사, 2012.

이종수, 『공동체: 유토피아에서 마을만들기까지』, 박영사, 2015.

이호, 『풀뿌리운동, 새로운 복원: 근본적인 사회 변화를 이루는 힘, 풀뿌리운동 이야기』, 포도밭출판사, 2017.

정영신, 「한국의 커먼즈론의 쟁점과 커먼즈의 정치」, 《아시아연구》 23(4), 2020, 237-259쪽.

조아라·강윤재, 「불확실성을 통해 본 위험거버넌스의 한계와 개선점─2010년 구제역 사태를 중심으로」, 《ECO》 18(1), 2014, 187-234쪽.

2부 공동체성의 작동 원리와 전개

가타리, 펠릭스, 『기계적 무의식』, 윤수종 옮김, 푸른숲, 2003.

____, 『분자혁명』, 윤수종 옮김, 푸른숲, 1998.

____, 『세 가지 생태학』, 윤수종 옮김, 동문선, 2003.

____, 『(가타리가 실천하는) 욕망과 혁명』, 윤수종 편역, 문화과학사, 2004.

____, 『정신분석과 횡단성』, 윤수종 옮김, 울력, 2004.

____, 『카오스모제』, 윤수종 옮김, 동문선, 2003.

가타리, 펠릭스/네그리, 안토니오, 『자유의 새로운 공간』, 조정환 편역, 갈무리, 2007.

가타리, 펠릭스/롤닉크, 수에리, 『미시정치: 가타리와 함께 하는 브라질 정치기행』, 윤수종 옮김, 도서출판b, 2010.

강수돌, 『살림의 경제학』, 인물과사상사, 2009.

그레그, 멜리사/시그워스, 그레고리 외, 『정동이론』, 최성희 · 김지영 · 박혜정 옮김, 갈무리, 2015.

김기섭, 『깨어나라! 협동조합』, 들녘, 2012.

김현대·하종란·차형석, 『협동조합, 참 좋다』, 푸른지식, 2012.

나카자와 신이치, 『사랑과 경제의 로고스』, 김옥희 옮김, 동아시아, 2004.

들뢰즈, 질, 『스피노자와 표현의 문제』, 이진경·권순모 옮김, 인간사랑, 2003.

____, 『스피노자의 철학』, 박기순 옮김, 민음사, 1999.

들뢰즈, 질/가타리, 펠릭스, 『철학이란 무엇인가』, 이정임 · 윤정임 옮김, 현대미학사, 1995.

____, 『앙띠 오이디푸스: 자본주의와 정신분열증』, 최명관 옮김, 민음사, 1994.

____, 『소수집단의 문학을 위하여: 카프카론』, 조한경 옮김, 문학과

지성사, 1997.

____, 『천 개의 고원: 자본주의와 분열증 2』, 김재인 옮김, 새물결, 2001.

베이트슨, 그레고리, 『마음의 생태학』, 박대식 옮김, 책세상, 2006.

스피노자, B., 『에티카』, 강영계 옮김, 서광사, 1990.

헬드, 버지니아, 『돌봄: 돌봄윤리』, 김희강·나상원 옮김, 박영사, 2017.

그린풋 01
생태민주주의 시리즈

낭만하는 공동체 넘어서기

1판 1쇄 발행 2022년 12월 5일

지음 이태영·신승철

디자인 김서이
펴낸이 조영남
펴낸곳 알렙

출판등록 2009년 11월 19일 제313-2010-132호
주소 경기도 고양시 일산서구 중앙로 1455 대우시티프라자 715호
전자우편 alephbook@naver.com
전화 031-913-2018   **팩스** 02-913-2019

ISBN 979-11-89333-54-6 03300